# Antropologia filosófica

SÉRIE ESTUDOS DE FILOSOFIA

EDITORA
intersaberes

# Antropologia filosófica

Ranieri Carli

Rua Clara Vendramin, 58 . Mossunguê
CEP 81200-170 . Curitiba . PR . Brasil
Fone: (41) 2106-4170
www.intersaberes.com
editora@editoraintersaberes.com.br

*Conselho editorial*
Dr. Ivo José Both (presidente)
Drª Elena Godoy
Dr. Nelson Luís Dias
Dr. Neri dos Santos
Dr. Ulf Gregor Baranow

*Editora-chefe*
Lindsay Azambuja

*Supervisora editorial*
Ariadne Nunes Wenger

*Analista editorial*
Ariel Martins

*Análise de informação*
Ariadne Nunes Wenger

*Revisão de texto*
Monique Gonçalves

*Capa*
Denis Kaio Tanaami

*Projeto gráfico*
Bruno Palma e Silva

---

Dados Internacionais de Catalogação na Publicação (CIP)
(Câmara Brasileira do Livro, SP, Brasil)

---

Oliveira, Ranieri Carli de
 Antropologia filosófica/Ranieri Carli de Oliveira. 1. ed.
Curitiba: InterSaberes, 2012. (Série Estudos de Filosofia).

 Bibliografia.
 ISBN 978-85-8212-202-0

 1. Antropologia filosófica 2. Antropologia filosófica –
História I. Título II. Série.

12-08694                                    CDD-128

---

Índices para catálogo sistemático:
 1. Antropologia filosófica 128
 2. Homem: Antropologia filosófica 128

1ª edição, 2012.
Foi feito o depósito legal.

Informamos que é de inteira responsabilidade do autor a emissão de conceitos.

Nenhuma parte desta publicação poderá ser reproduzida por qualquer meio ou forma sem a prévia autorização da Editora InterSaberes.

A violação dos direitos autorais é crime estabelecido na Lei n. 9.610/98 e punido pelo art. 184 do Código Penal.

# sumário

*Apresentação*, vii
*Introdução*, xi

## 1

*A concepção clássica de homem: a filosofia da Antiguidade grega*, 15

    Pressupostos históricos, 18
    O homem em Platão e o legado de Sócrates, 20
    O realismo de Aristóteles, 26
    O realismo dos helênicos, 33

## 2 A concepção de homem na Idade Média e a filosofia cristã, 43

Pressupostos históricos, 46
O nascimento do homem cristão: santo Agostinho e Boécio, 49
O renascer do racionalismo em Tomás de Aquino, 56

## 3 O antropocentrismo: o homem do Renascimento e o racionalismo cartesiano, 65

Pressupostos históricos, 68
O antropocentrismo da Renascença, 70
A razão na concepção de homem de Descartes, 78

## 4 A última batalha da razão moderna contra o obscurantismo medieval. O Iluminismo. O idealismo alemão, 87

Pressupostos históricos, 90
O projeto iluminista de homem, 90
O idealismo alemão, 99

## 5 A modernidade consolidada, 113

Pressupostos históricos, 116
A antropologia materialista de Karl Marx, 117
A concepção existencialista de homem: Heidegger, 124
Os problemas de uma antropologia filosófica contemporânea e o racionalismo de Habermas, 134

*Considerações finais, 147*
*Referências, 151*
*Bibliografia comentada, 157*
*Respostas das atividades, 165*
*Sobre o autor, 167*

*apresentação*

Esta obra é o resultado de pesquisas em antropologia filosófica, uma entre as várias disciplinas da filosofia. A intenção aqui é compor um amplo quadro com o intuito de discernir quais foram as concepções de homem que nortearam a história da filosofia.

Expomos aqui um roteiro que perfaz a filosofia, sem esgotá-la, para auxiliar o leitor em suas próprias elaborações. São oferecidas discussões críticas com os diversos autores, a sua concepção de ser humano e o momento histórico-social em que estavam. O diálogo inerente a esses filósofos é parte presente no decorrer do texto.

O livro está dividido em cinco capítulos que procuram cortar didaticamente algumas etapas da história do homem e de sua filosofia. Conheceremos em cada capítulo o essencial para a disciplina de Antropologia Filosófica. As suas respostas, profundas em todos os sentidos, continuam a valer como parâmetro tanto para as nossas perguntas atuais quanto para as respostas que a elas damos.

A produção intelectual dos gregos é o nosso ponto de partida. Talvez não houvesse época em que não estivessem tão associados o debate acerca da existência humana e a própria filosofia. A antropologia filosófica dos autores cristãos será debatida em seguida, estágio histórico em que a religião era a pedra de toque para se conceber a essência do ser humano. Aportaremos na modernidade com os renascentistas e os seus sucessores: os racionalistas e os iluministas. Deixaremos o processo de instauração da modernidade para entrarmos na sua fase de consolidação. Nessa época, encontraremos diferentes concepções de antropologia filosófica, até as contribuições da filosofia contemporânea.

Ao fim de cada capítulo, o leitor terá uma síntese do conteúdo analisado, além de estudos que permitem a sua fixação e de referências culturais que possibilitam a ampliação do seu conhecimento sobre o tema estudado.

Enfim, iniciemos o nosso trajeto. Teremos um longo percurso pela frente, que, embora grandioso em sua amplitude, é também grandioso em sua riqueza cultural. É de se esperar que o leitor não passe impunemente pela história da antropologia filosófica, que ela o enriqueça.

Caso o leitor sinta-se à vontade entre os debates filosóficos e se aproprie das categorias aqui expostas para orientar suas decisões, consideraremos nosso projeto inteiramente realizado.

*introdução*

erta vez, *falando* sobre a arte, o filósofo húngaro Georg Lukács (1991, p. 36) determinou que em toda e qualquer obra de criação estética encontra-se uma concepção de homem; seja na menor das líricas de Fernando Pessoa

ou nas mais imponentes epopeias de Homero, haverá sempre em sua forma e conteúdo uma noção do que é o humano, "sejam quais forem o ponto de partida duma obra literária, o seu tema concreto, o objetivo a que ela visa diretamente etc., a sua essência mais profunda exprime-se sempre por esta pergunta: o que é o homem?"

Pode-se parafrasear a questão estética posta por Lukács trazendo-a para o âmbito particular da filosofia. Lembrem-se de que, em seu clássico livro sobre antropologia filosófica, Cassirer (1967, p. 7) estipulou o autoconhecimento do homem como o "ponto arquimédico" da filosofia em geral. Com plena justeza, cabe à filosofia a mesma indagação feita por Lukács a respeito da arte; a essência mais profunda de toda obra filosófica é inevitavelmente expressa por esta pergunta: "O que é o ser humano?". Assim como na arte, em toda e qualquer obra filosófica constará uma resposta a essa pergunta, não importa qual o período histórico em que tenha sido escrita, qual o sentido imediatamente visado pelo autor, quais tenham sido as influências que decorreram de sua leitura etc.*

A correlação entre a arte e a filosofia não é casual. É na letra do próprio Lukács (1981, p. 539) que se estampa a situação similar das duas modalidades de conhecimento frente a seu objeto, isto é, o ser humano: "O valor máximo [da arte e da filosofia] consiste exatamente na sua elevação do ser humano do homem, formando nele novos órgãos para compreender de modo mais rico e mais profundo a realidade, e tornando a sua individualidade, através desse enriquecimento, ao mesmo tempo mais individual e mais genérica". Na citação, está exposta a problemática central daquilo que poderíamos denominar de *antropologia filosófica*: o "valor máximo" da filosofia consiste em sua

---

\* Um clássico da antropologia filosófica introduz o seu livro da mesma maneira: "A antropologia filosófica tem a tarefa de responder à pergunta: o que é o homem?" (Rabuske, 1986, p. 7).

capacidade de demonstrar a realidade humana de seu tempo, de forma "rica e profunda"; em apresentar com maior grau de generalidade as contradições que movimentam determinada circunstância social da vida do homem.

Parte-se então de dois pressupostos:

1. na filosofia defronta-se forçosamente com uma **concepção de homem**; e
2. os filósofos lidam com problemas que dizem respeito a um **homem temporal**, um homem pertencente a uma etapa específica do desenvolvimento histórico (ainda que possam argumentar o contrário).

Será precisamente esse o fio norteador deste ensaio sobre antropologia filosófica. Adotaremos a tarefa de descobrir a concepção de homem que se apresenta nos autores de diversas épocas históricas, sejam a Antiguidade de Aristóteles, a Idade Média de Tomás de Aquino, o período revolucionário da modernidade de Hegel ou sua fase de consolidação em Heidegger. Veremos que a resposta à indagação acerca do que é humano será necessariamente distinta em filósofos de ocasiões históricas tão pouco semelhantes. Nessa empreitada, a antropologia filosófica lançará mão daquela que Marx denominou como a única ciência existente, a história. Dentro de um inesgotável processo histórico, em que ideias e forças materiais "desmancham-se no ar", o homem concebe a si mesmo face às circunstâncias particulares do bloco histórico em que se insere.

Diante do que está dito, uma distinção há de ser feita desde já: a peculiaridade entre as ciências da sociedade e as da natureza. As leis capturadas pelas ciências naturais são válidas para a totalidade extensiva do ser social. Por exemplo, a lei da gravidade exerce sua atração férrea sobre os homens a despeito das particularidades históricas.

Aristóteles, Tomás de Aquino, Hegel e Heidegger: todos foram submetidos à gravidade; nenhum conseguiu esquivar-se de seus efeitos. Contudo, as leis, que são o objeto de reflexão das ciências sociais e filosóficas, respeitam o homem concreto, de uma etapa bem definida historicamente. Teremos a oportunidade de estudar a maneira pela qual as leis da metafísica aristotélica concernem à realidade do homem antigo, e o mesmo vale para os demais filósofos abordados no seguir do texto. Isso não quer dizer que Aristóteles não tenha apreendido momentos do ser social que ainda perdurem. O problema é que mesmo aquilo que existe de continuidade na filosofia responde a novas circunstâncias e recebe novos conteúdos à medida que o homem caminha em seu devir evolutivo (uma dinâmica que jamais ocorreria com as leis da natureza).

Sem mais nos alongarmos nesta breve introdução, partimos prontamente para discutir os meios pelos quais a filosofia compreendeu a pergunta a propósito do que é o humano. Comecemos pelas respostas dos antigos.

# 1

*A concepção clássica de homem: a filosofia da Antiguidade grega*

Neste primeiro capítulo, vamos sobrevoar alguns dos elementos que concernem à concepção do homem entre os filósofos gregos. Iniciaremos assim a nossa jornada na história da antropologia filosófica. Trataremos a concepção de homem em Platão e, com ele, a de Sócrates, para depois demarcar as distinções com o homem que nasce em Aristóteles e no helenismo dos estoicos e de Epicuro.

## 1.1
*Pressupostos históricos*

*Toda formação histórico-social* brota do processo de ruína de uma antiga formação. Com a Grécia Antiga não é diferente. As sociedades antigas nascem da dissolução das comunidades primitivas. Essas primeiras formas de organização social não conheciam a divisão dos homens em classes sociais antagônicas: "As atividades de seus membros eram comuns (a coleta, a caça, a pesca), seus resultados eram partilhados por todos e não havia propriedade privada de nenhum bem" (Paulo Netto; Braz, 2006, p. 56). A escassez da produção não permitia que houvesse o acúmulo de bens; não havia excedente econômico*.

Em geral, as comunidades primitivas eram agrupadas internamente entre as famílias, que, por sua vez, poderiam se reunir em associações gentílicas; as gens são um conjunto coeso de famílias agregadas.

Na história da Grécia, as sociedades gentílicas possuíam uma forma de governo correspondente à sua organização socioeconômica. Segundo as pesquisas antropológicas de Engels (2000, p. 106), "todas as querelas, todos os conflitos são dirimidos pela coletividade a que concernem, pela gens ou pela tribo, ou ainda pelas gens entre si". Essa política comunitária é reconhecida por Engels nas tribos iroquesas (um grupo nativo americano), mas que se pode inferir como generalizada

---

\* Nem sempre a escassez de excedente era fruto da penúria da produção. Godelier fala de tribos que se proibiam de produzir senão aquilo que seria consumido de pronto: "Em quase todos os casos [dos estudos da época], as sociedades primitivas poderiam produzir um excedente, mas não o fazem. É assim que Carneiro calculou que os Kuikurus da bacia amazônica, que praticam a agricultura em queimadas e a pesca, só despendem três horas e meia em média por dia para assegurar a sua subsistência: duas horas para as atividades agrícolas e uma hora e meia para a pesca. Consagram as restantes dez horas ou doze do dia ao repouso, às caminhadas, à prática da luta, à dança, etc." (Godelier, 1981, p. 37).

para o caso grego*.

No plano da história universal, a decadência das comunidades primitivas dá-se com a descoberta de dois fatores econômicos: a agricultura e a domesticação dos animais. Com essas duas poderosas forças produtivas, os homens puderam produzir um excedente, uma sobra de bens que fosse para além do seu consumo imediato. O excedente econômico determinou a ruína das relações comunitárias porque, com um número maior de produtos, foi possível **escravizar**. Explicamos: se antes era impossível a manutenção da vida do inimigo conquistado em guerra, agora, ao contrário, uma parte do sobreproduto poderia ser destinada à sua sobrevivência. Graças ao excedente que permite a sua subsistência, o inimigo conquistado é incorporado às sociedades conquistadoras como escravo.

Aos poucos e de diferentes maneiras, a humanidade transcendeu as comunidades tribais e progrediu rumo ao **escravismo**. Todas as grandes civilizações da Antiguidade foram escravistas.

Quanto às especificidades da Grécia, voltemos a Engels (2000, p. 115) no instante em que ele discerne uma fase de transição das tribos gentílicas para as comunidades escravistas:

> Nos poemas de Homero, encontramos já a maior parte das tribos gregas formando pequenos povos, no seio dos quais as gens conservavam ainda completa independência, o mesmo se dando com as fratrias e as tribos. Esses povos já viviam em cidades amuralhadas; a população aumentava paralelamente com o rebanho, o desenvolvimento da agricultura e o nascimento dos ofícios manuais; ao mesmo tempo, cresciam as diferenças de riqueza e com estas o elemento aristocrático dentro da velha e primitiva democracia, que tinha nascido naturalmente.

---

* "Nos tempos pré-históricos já os gregos, como os pelasgos e outros povos da mesma origem tribal, estavam constituídos em séries orgânicas idênticas à dos americanos: gens, fratria, tribo, confederação de tribos" (Engels, 2000, p. 109).

É a descrição de um período de gradual mudança: as gens estavam se desintegrando, a economia se tornava mais produtiva e uma pequena aristocracia gentílica começava a se formar em meio às relações comunitárias das tribos.

A aristocracia dos poemas de Homero não era ainda escravista. Em Homero, não havia a cisão em classes. A passagem definitiva ocorre com "o advento dos tiranos", segundo Anderson (2007, p. 30). Aquela aristocracia da era arcaica que se lê nos poemas homéricos perdeu lugar para a aristocracia dos senhores de escravos, os chamados *tiranos*. A política da Grécia arcaica baseava-se "na lei privilegiada de uma nobreza hereditária sobre o resto da população urbana, e tipicamente exercida através do governo de um conselho aristocrático exclusivo sobre a cidade" (Anderson, 2007, p. 30). A dominação "natural" da aristocracia gentílica cedeu espaço à aristocracia dos "tiranos": "Estes autocratas romperam a dominação das aristocracias ancestrais sobre as cidades: eles representavam proprietários de terra mais novos e riqueza mais recente, acumulada durante o crescimento econômico da época precedente, e estendiam seu poder a uma região muito maior graças a concessões à massa sem privilégios dos habitantes das cidades" (Anderson, 2007, p. 30). Eram duas aristocracias distintas. A política da aristocracia hereditária das comunidades gentílicas terminou com a ascensão da política da aristocracia dos senhores escravistas.

## 1.2
### O homem em Platão e o legado de Sócrates

*No instante em* que Platão (427-347 a.C.) surgiu para o cenário filosófico, a Grécia já estava se desenvolvendo como uma sociedade escravista e as formações gentílicas estavam em vias de ser coisa do passado. Atenas estava sob o jugo dos "tiranos" escravistas. No entanto, a concepção de homem em Platão é a nostalgia daquele tempo em que vigoravam as comunidades tribais. Conforme Coutinho (1967, p. 89), o homem platônico é o reflexo de um homem que existiu realmente, "em determinado período da evolução da humanidade e de sua autoconsciência, o da comunidade primitiva; contudo, ela já é inexistente – realmente inexistente, embora subsista residualmente no plano ideológico". Platão é uma tentativa de se recuperar a pureza perdida das antigas gens comunitárias, é a subsistência no plano das ideias daquele homem ainda sem a cisão entre classes antagônicas; é um retorno ideal do escravismo para as tribos primitivas. Heller (1998, p. 68) escreveu corretamente que "a vida inteira de Platão constitui uma luta teórica e prática pela renovação da polis, pela restauração da comunidade orgânica e da ética comunitária". Por isso, brincando com os termos modernos, Coutinho define Platão como um "romântico".

Decorre dessa concepção "romântica" de homem o desprezo de Platão pela realidade de seu tempo. O homem grego havia se transformado em algo muito distante daquilo que ansiava Platão. E precisamente a postura frente à realidade grega refletiu em sua filosofia: Platão elaborou uma doutrina de defesa do **permanente** e negação do **efêmero**. Afinal, aos olhos de Platão, o ideal permanente das comunidades gentílicas se converteu no fugaz do escravismo.

A recusa de seu presente histórico levou Platão a estabelecer a célebre oposição entre a alma eterna e o corpo fugidio. Em traços gerais, a alma, que está acima das particularidades terrenas, corresponde às antigas tradições comunitárias, as quais Platão observava em franca decadência. Leiamos no diálogo *Fédon*: "É evidente que o trabalho do filósofo consiste em se ocupar mais particularmente que os demais homens em afastar sua alma do contato com o corpo" (Platão, 1999, p. 125). Cumpre ao filósofo cuidar dos prazeres imutáveis da alma, ao passo que os prazeres sensíveis e imediatos são terminantemente afastados.

Por tudo isso, "em Platão, a vida dos sentidos está separada da vida do intelecto por um amplo e insuperável abismo" (Cassirer, 1967, p. 8). O corpo e a matéria são enganadores; a alma etérea é o local em que habita a verdade:

> A razão deve seguir apenas um caminho em suas investigações, enquanto tivermos corpo e nossa alma estiver absorvida nessa corrupção, jamais possuiremos o objeto de nossos desejos, isto é, a verdade. Porque o corpo nos oferece mil obstáculos pela necessidade que temos de sustentá-lo, e as enfermidades perturbam nossas investigações. Em primeiro lugar nos enche de amores, de desejos, de receios, de mil ilusões e de toda classe de tolices, de modo que nada é mais certo do que aquilo que se diz correntemente: que o corpo nunca nos conduz a algum pensamento sensato. Não, nunca! Quem faz nascer as guerras, as revoltas e os combates? Nada mais que o corpo, com todas as suas paixões. (Platão, 1999, p. 127)

Não é causal que Platão termine por sugerir que, na vida terrena, não haja satisfação a ser perseguida. A física dos corpos não deveria ser o fim almejado pelos homens, senão o para além da física, o autêntico reino da alma, liberto da instável sensibilidade: "É preciso que abandonemos o corpo e que apenas a alma analise os objetos que deseja conhecer. Somente então usufruiremos a sabedoria pela qual estamos apaixonados, isto é, depois de nossa morte e de maneira alguma no decorrer da vida" (Platão, 1999, p. 128).

Hegel nos diz que a alma eterna em oposição ao corpo efêmero é uma noção de homem que já se encontra em Sócrates (470-399 a.C.), o mestre de Platão. Segundo Hegel (1996, p. 40), Sócrates entende que a essência é o "eu geral", a consciência que descansa em si mesma, o que não é outra coisa que o bem como tal, livre da realidade existente, livre da consciência sensível concreta dos sentimentos e das inclinações. Estamos vendo que tais ideias vão ecoar na filosofia platônica. Se elas nascem em Sócrates, culminam em Platão com toda sua justeza.

*A República* é a obra capital para o entendimento da concepção de homem em Platão. Por meio de Trasímaco, Platão expõe as ideias representativas das sociedades escravistas; por exemplo, no que concerne à justiça, o personagem afirma que "o que eu digo ser justo sempre, em todas cidades sem exceção: o vantajoso para o governante estabelecido. É ele que tem o poder e, para quem raciocina corretamente, em todos os lugares, o justo é sempre a mesma coisa, a vantagem do mais forte" (Platão, 2006, p. 20). A justiça é sempre a justiça do mais forte, daquele que exerce o poder, da classe dominante, que, à época, era formada pelos senhores de escravos. É certo, portanto, dizer que "Trasímaco sustém que a justiça é sempre justiça de classe" (Heller, 1983, p. 95).

No diálogo que compõe *A República*, as ideias de Trasímaco serão refutadas por Sócrates, a voz pela qual Platão faz proferir suas próprias palavras, como sempre. É ele quem opõe à justiça de um homem cindindo em classes a justiça íntegra das comunidades gentílicas: "Então, Trasímaco, isto já é evidente, que nenhuma arte, nenhum governo, cuida da vantagem própria, mas, como já há muito dizíamos, busca e prescreve a do subordinado, visando ao vantajoso para o mais fraco e não para o mais forte" (Platão, 2006, p. 31). Isto é, os governantes e os governados estão sob uma mesma moral; um não submete o outro à sua vontade. É a aristocracia arcaica que se reflete nas epopeias de Homero, a quem Platão batizou de "educador de toda a Grécia". O governo é dado naturalmente pelas tradições, e a aristocracia prescreve a conduta dos subordinados porque essa é a sua função dentro do íntegro corpo societário. No parágrafo seguinte, Platão exibe com clareza a sua concepção de homem: "Se existisse uma cidade de homens de bem, poderia muito bem acontecer que a disputa deles fosse para conseguir ficar fora do governo, como hoje é para assumi-lo; e aí ficaria evidente que realmente o verdadeiro governante, por sua natureza, não tem em vista sua vantagem pessoal, mas a do subordinado" (Platão, 2006, p. 33).

Em uma cidade de homens justos, a função de governante seria repelida. Nesta cidade ideal, o governante apenas assumiria o poder para fazer o bem ao próximo, o que demandaria um conjunto de valores altruístas de sua parte.

No livro terceiro de *A República*, Platão demonstra que reconhece a produção do excedente econômico como a dinâmica que instituiu a possibilidade de desagregação das comunidades. Nessa cidade ideal, evita-se tanto a riqueza quanto a pobreza, "já que uma produz o luxo, ociosidade e gosto pelas inovações, e a outra, além do gosto pelas inovações, traz a grosseria e a maldade" (Platão, 2006, p. 138). O gosto pelas inovações não seria alimentado em uma sociedade que não permitisse nem a luxúria ociosa dos ricos e sequer a maldade grosseira dos pobres. Proibida a produção do excedente, está vedada a possibilidade de se cindir a comunidade em classes antagônicas. Nesse caso, cabe aos governantes, ciosos do compromisso com o bem-estar societário, limitar o crescimento econômico da cidade: "Crescer até o ponto em que, mesmo crescendo, possa ser uma só. Além disso, não! [Ou ainda:] então, não daremos ainda aos guardiões uma outra ordem? Que tomem todo cuidado para que a cidade não pareça nem pequena, nem grande, mas seja uma só" (Platão, 2006, p. 140).

Essa "cidade de homens de bem" é um ideal, uma utopia. Não se encontra na realidade concreta. É um Estado purificado de todas as contradições que culminaram na decadência das comunidades antigas, sendo a produção do excedente econômico uma delas; "do dito Estado devem eliminar-se todos os fatores que podem provocar a dissolução da pólis: a propriedade privada, a produção mercantil, as classes e as lutas de classes" (Heller, 1983, p. 100).

Heller (1983, p. 104) chega a dizer que o homem platônico é uma "utopia reacionária". Em suas linhas mais amplas, pode-se concordar com a filósofa húngara: Platão é um crítico de sua história e projeta como solução uma utopia "romântica", um retorno ao passado. Porém, ele não deixa de carregar em si as contradições do homem de seu tempo e, de fato, incorpora aspectos progressistas postos pelo devir humano. Por exemplo, o método da **dialética**. O fato de que elabora seu pensamento em forma de diálogos demonstra que Platão estava interessado não apenas na simples oratória, mas também na retórica. A retórica, que supõe o interlocutor, é mais democrática que a oratória, que supõe, por sua vez, o público ser manipulado. Os diálogos caminham entre o convencimento e a discórdia, a tese e a antítese, até que desembocam na síntese. Por certo, como salientou Heller, a síntese em Platão é sempre reacionária; implica uma volta aos valores do homem passado. Contudo, a racionalidade da retórica dialética não deixa de ser um grande feito aos olhos de uma antropologia filosófica. Cassirer (1967, p. 11) soube mensurar esse dado: para *A república* platônica, "a verdade é, por natureza, a criatura do pensamento dialético; não pode, portanto, ser obtida senão em constante cooperação dos sujeitos em interrogação e réplica recíprocas".

A retórica dialética é a fecunda herança socrática em Platão; é a constante indagação acerca de si mesmo; para Sócrates, o homem está em eterno processo de questionamento. Se pudéssemos expressar com poucas palavras a concepção de homem em Sócrates, teríamos então o homem enquanto um **perpétuo questionador**. Com efeito, "cabe resumir o pensamento de Sócrates dizendo que define o homem como o ser que, ao fazer uma pergunta racional, está apto a dar uma resposta racional" (Cassirer, 1967, p. 11). É bastante conhecida a frase canônica de Sócrates: "Tudo o que sei é que nada sei". O conhecimento do homem é sempre limitado diante da vastidão das realidades a serem conhecidas. Aliás, é precisamente assim que Platão termina o primeiro livro de *A república*, com Sócrates repetindo para Trasímaco que, "sendo assim, nada sei, e isso foi o que resultou do nosso diálogo" (Platão, 2006, p. 44).

Afinal, vê-se que, em sua peculiar concepção de humanidade, Platão apresenta uns aspectos racionais e dialéticos (em geral, resgatados do método de Sócrates) e outros "românticos".

## 1.3
### O realismo de Aristóteles

*Distinta é a* maneira pela qual Aristóteles (384-322 a.C.) conceberá o humano. Aquilo que Coutinho chama de *romantismo platônico* não terá vez na filosofia aristotélica. O autor de *Metafísica* é um realista convicto. Nada há de utópico em Aristóteles: o seu homem é o homem de seu presente histórico. A sociedade grega está em seu período escravista, distinguem-se as classes de escravos e senhores de escravos. É essa a realidade com que Aristóteles lidará em sua filosofia. Vejamos uma passagem de *Política*: "a natureza distinguiu os corpos do escravo e do senhor, fazendo o primeiro forte para o trabalho servil e o segundo esguio e, se bem que inútil para o trabalho físico, útil para a vida política e para as artes, tanto na guerra quanto na paz" (Aristóteles, 1999b, p. 151). A distinção entre os escravos e os seus senhores advém da natureza: o escravo nasce para o trabalho direto de sustento da vida social; o senhor, para a política de dominação, as artes e a guerra (que significa a captura de novos escravos). Ao contrário de Platão, Aristóteles aborda o homem de sua história presente enquanto uma "intenção da natureza".

Ademais, Aristóteles recrimina os filósofos que "argumentam ser indefensável a ideia de que, porque um homem possui o poder de infligir violência e ser superior em força bruta, o outro tenha de ser seu escravo" (Aristóteles, 1999b, p. 152). Aqueles que desejam que a engrenagem da história gire para trás não veem nenhum tipo de "excelência" na "virtude da superioridade", segundo Aristóteles. Percebam que é uma postura diametralmente oposta a de Platão. Distam longinquamente as respostas que ambos dão à pergunta: "O que é o homem?"

A democracia grega reflete-se em todo o seu esplendor na filosofia aristotélica. É o novo homem que nasce da desagregação da antiga pólis. Sabe-se, no entanto, que a democracia dos antigos restringia-se aos homens pertencentes à cidade-Estado, o que excluía as mulheres, os escravos e os estrangeiros. Observem que, comentando a arte da tragédia, Aristóteles (1999a, p. 54) argumenta que o trágico deve configurar os personagens com atos moralmente elevados, com bom caráter, acrescentando que "essa bondade pode estar em todos os tipos de personagens, incluindo a mulher e o escravo, ainda que a mulher seja inferior e o escravo, insignificante". Heller (1983, p. 180) acerta então ao caracterizar a perspectiva aristotélica de humanidade: "Sua perspectiva não é a de toda humanidade, senão do mundo helênico tão somente".

O seu objeto não é a inteira humanidade, senão a humanidade da civilização helênica. Efetivamente, ao discutir o homem de seu período histórico, Aristóteles não se limita à cidade em que habita, Atenas. A sua preocupação transborda as fronteiras atenienses e atinge a totalidade da civilização helênica. O homem de Aristóteles era o homem helênico. É certo que não chega a toda humanidade, como disse Heller no parágrafo mostrado. Porém, os problemas que interessam Aristóteles ampliam-se para além da democracia de Atenas, o que se apresenta como uma novidade entre os gregos.

Esta concepção global de homem ressoa na *Política* e na sua análise da escravidão. De novo, Heller afirma que os contemporâneos de Aristóteles procuravam compreender a prática política a partir da distinção entre as formas de governo; a discussão girava em torno das modalidades de governos mais apropriadas para a manutenção dos Estados: democracia ou aristocracia. Ao contrário, Aristóteles não toma como ponto de partida essa questão. Para ele, o essencial é antes discutir a **escravidão**. Todas as cidades helênicas estavam transitando para o escravismo (ou já se organizavam assim). Daí, a discussão das formas de governo era secundária para um helênico como Aristóteles:

> É a ESCRAVIDÃO *que ocupa o centro de seu interesse, tanto no plano teórico quanto estrutural (na* POLÍTICA). *O ponto de partida da política não é a elucidação da melhor forma estatal, senão a análise das relações amo-escravo e dos problemas relativos à aquisição e posse de escravos. Em outras palavras, parte de um problema comum a todas as "poleis" gregas e inclusive a todo território do império helênico. Com efeito, todas as "poleis", fossem democráticas ou aristocráticas, estavam baseadas, pelo menos parcialmente, na escravidão.* (Heller, 1983, p. 178, grifo do original)

Isso faz com que Aristóteles seja o principal responsável pelo nascimento da concepção helênica de humano, o que repercutirá posteriormente na filosofia dos estoicos e epicuristas, os reais representantes do helenismo consolidado. É o primeiro filósofo que interpreta a totalidade do homem da civilização helênica.

O realismo aristotélico trouxe consequências àquele que Cassirer elegeu como o "ponto arquimédico" da antropologia filosófica: o processo de autoconsciência do homem. Ao definir em que consiste a verdade, Aristóteles foi claro: "A verdade é dar o nome adequado à coisa". Isto é, "das ideias, portanto, e em nenhuma das formas que se costumam afirmar, não podem provir as outras coisas" (Aristóteles, 1984, p. 31). As coisas não provêm das ideias. Não existiria uma definição tão realista quanto essa. Isso quer dizer que, independentemente da opinião particular do filósofo, existe um nome adequado à coisa; a realidade concreta não aceitaria qualquer denominação: há uma que é a precisa. O nome verdadeiro diz respeito à própria legalidade imanente às coisas reais. As coisas, a natureza, os eventos da vida possuem prioridade face à vontade do sujeito do conhecimento. No movimento de obtenção da verdade, não se deve projetar um ideal sobre o real, como fez Platão em seu turno. O próprio real deve ser investigado a ponto de que se constate qual o nome que lhe compete. Em outras palavras, chegar à verdade é se apropriar da verdade que está na coisa.

Apropriar-se da coisa significa apoderar-se de sua verdade. Não se deve abstrair, então, a particularidade de cada coisa singular. Por exemplo, caso tomemos a abstração desprovida de conteúdo, de determinações concretas, seria como "se chamasse *homem*, ao mesmo tempo, a Cálias e à madeira, sem nada ter observado entre eles em comum" (Aristóteles, 1984, p. 31, grifo do original). As particularidades características de Cálias demonstram que se trata de um humano, de um ser social, enquanto a madeira é um ser inorgânico. Essas são as suas verdades; são os nomes que condizem com a sua respectiva materialidade.

Por essa razão, Aristóteles não repudia as sensações. É uma outra vertente de seu afastamento do homem platônico. O homem aristotélico não é apenas contemplativo; é prático e sensitivo. Logo nas primeiras palavras da *Metafísica*, é dito que "todos os homens têm, por Natureza, desejo de conhecer: uma prova disso é o prazer das sensações, pois, fora até de sua utilidade, elas nos agradam por si mesmas e, mais que todas outras, as visuais" (Aristóteles, 1984, p. 11). O desejo de conhecimento humano inicia a sua marcha com as sensações, com o primeiro contato com o mundo dos objetos, com a percepção sensível da materialidade do real. Com as sensações, o homem começa a tomar consciência de seu redor. E da experiência prática dos sentidos, o homem avança até a cultura; a consciência humana não se estanca nos sentidos, mas sim sua prática ascende à constituição dos valores culturais, das tradições, ou, nos termos da *Metafísica*, da memória, "é da memória que deriva aos homens a experiência: pois as recordações repetidas da mesma coisa reproduzem o efeito duma única experiência" (Aristóteles, 1984, p. 11).

É bom que se ressalve que, na concepção aristotélica de homem, as sensações são o início da autoconsciência humana sem que seja o seu único e exclusivo fim. Aristóteles reconhecia que o conhecimento parte do empírico, mas não se reduz a ele. É preciso superar o caráter imediato das coisas para que se faça a ciência: "Não julgamos que qualquer das sensações constitua a ciência, embora elas constituam, sem dúvida, os conhecimentos mais seguros dos singulares. Mas não dizem o 'porquê' de coisa alguma, por exemplo, por que o fogo é quente, mas só que ele é quente" (Aristóteles, 1984, p. 12). Com a sensação, descobrimos que o fogo é quente, mas não as propriedades físico-químicas que o levam a isso. Para tal, deve-se requerer o auxílio da ciência.

No instante em que definiu, portanto, a mais "elevada das ciências", Aristóteles (1984, p. 14) fez valer o seu realismo convicto, determinando-a como "aquela que conhece aquilo do qual cada coisa se deve fazer. E isto é o bem em cada coisa e, de maneira geral, o ótimo no conjunto da Natureza". A filosofia, isto é, a "mais elevada de todas as ciências", é a consciência do bem que existe em cada coisa singular e do ótimo que há no universo da natureza.

Hegel (1996, p. 238-239, grifo do original) discorda daqueles que veem em Platão e em Aristóteles duas concepções distintas de homem. Para o filósofo alemão,

> *É, por exemplo, opinião muito generalizada a de que a filosofia aristotélica e a platônica se enfrentam e se opõem uma a outra, concebendo-se esta como baseada no idealismo e aquela, ao contrário, como construída sobre o realismo, o realismo mais trilhado e trivial. Diz-se que Platão tomou por princípio o ideal de tal modo que, nele, a ideia interior cria a si mesma; em Aristóteles, segundo este modo de pensar, pelo contrário, a alma é uma* TÁBULA RASA, *que recebe passivamente suas determinações do mundo exterior: a filosofia aristotélica é, portanto, empirismo, um lockeanismo da pior espécie.*

Hegel tem razão se pretende refutar que Aristóteles é um empirista;

já tivemos a oportunidade de ver que a metafísica aristotélica parte das sensações sem que se atrele a elas. Vimos que a sensação empírica é somente o ponto de partida*. Porém, isso não significa que a concepção de homem em Aristóteles não seja realista; o seu homem é, com efeito, o humano de seu presente real; aqui reside o seu senso de realidade. Nesse particular, o realismo aristotélico pode, sim, confrontar-se com o idealismo platônico. Hegel rejeita designar de realista a filosofia aristotélica porque vislumbra nela também um idealismo, ainda que de maior "profundidade especulativa" que a de Platão (Hegel, 1996, p. 239); isso é verdade se quisermos qualificar como idealistas todas as filosofias que reconhecem a existência de uma ideia transcendental, uma divindade de que emanam as coisas. No entanto, esse fato não nega o realismo aristotélico, já que, em seu contexto histórico, a dinâmica social não havia feito recuarem as barreiras naturais a ponto de que se deixasse de perceber em tudo uma "intenção da natureza".

Notem que o próprio Aristóteles faz questão de se desvencilhar do idealismo de tipo platônico, o qual ele reputa à influência de Sócrates:

> Havendo Sócrates tratado das coisas morais, e de nenhum modo do conjunto da natureza, nelas procurando o universal e, pela primeira vez, aplicando o pensamento às definições, Platão, na esteira de Sócrates, foi também levado a supor que [o universal] existisse noutras realidades e não nalguns sensíveis. Não seria, pois, possível, julgava, uma definição comum de todos os sensíveis, que sempre mudam.
> (Aristóteles, 1984, p. 24)

As sensações não foram levadas em conta por Platão, segundo

---

\* "Impossível que existam separadamente a substância e aquilo de que ela é substância" (Aristóteles, 1984, p. 32). Com isso, Aristóteles quer dizer que não existe oposição entre o universal e o singular. O singular Sócrates é um exemplar concreto do gênero humano universal; não está oposto ao universal e sequer o nega; ao contrário, o exemplar singular contém o universal.

Aristóteles. A imbricação entre a ideia universal e o singular sensível não foi capturada pelo autor de *A República*. Assim, o princípio da mudança, o **movimento**, que é determinação elementar das sensações, fugiu às definições da filosofia platônica.

Com efeito, Aristóteles coloca o **movimento** como categoria essencial da vida humana. Dada a sua posição histórica, Aristóteles pôde filosofar sobre o princípio da mudança como nenhum antes pudera. A matéria sempre em mutação é um tema que ocupa uma das maiores preocupações da Metafísica aristotélica. Isso se explica pelo já anunciado: Aristóteles percebia a vida grega transformando-se e tomava partido favorável a essa transformação. Ao se pôr a favor da história em transformação, Aristóteles sentiu-se à vontade para afirmar o caráter mutável das relações humanas. Sob esse aspecto, o debate acerca da categoria do movimento não poderia ser excluído de sua filosofia.

Nada há de eterno no homem aristotélico, a não ser o Deus imóvel que dá início à existência. De resto, o móvel é o impulso da história e da natureza. Tudo é passível de perecer: "Quanto ao movimento, se estas [determinações] são o movimento, é evidente que as ideias também deverão morrer; e se não, de onde é que ele [o movimento] veio? Cairia assim o estudo inteiro da natureza" (Aristóteles, 1984, p. 33-34). Seria impossível se realizar o estudo da natureza se as ideias fossem eternas; sem o princípio do movimento, não se concebem as realidades da natureza e da sociedade*.

Enfim, a concepção de homem em Aristóteles está aqui delineada em sua essência. Repetimos à guisa de conclusão que o humano aristotélico é a afirmação do homem de seu presente histórico, do homem

---

* "Ora, se o movimento não é substância da alma, a alma se move contra a Natureza" (Aristóteles, 2006, p. 59).

helênico, que ou já está cindindo em classes sociais ou caminha para tal cisão.

## 1.4
## O realismo dos helênicos

*A filosofia propriamente* helênica será fecundada por Aristóteles, muito embora essa influência seja subterrânea (Heller, 1983, p. 369). Em determinada medida, os representantes dessa escola de pensamento conceberão o homem tendo sob parâmetro o humano de Aristóteles. Os estoicos e os epicuristas são legatários de um certo realismo da filosofia aristotélica. Vide, por exemplo, um helênico como Epicuro afirmando que a primeira das ciências é a ciência da natureza ou que a alma é corpórea, composta de "átomos sutis".

O helenismo representa o período da história em que os gregos estendem o seu domínio para toda a Península Balcânica e para as civilizações asiáticas do oriente próximo. É sob o governo de Felipe II, rei da Macedônia, que essa expansão adquire relevo: "O sucesso dos exércitos de Felipe na aniquilação das cidades-Estado gregas e na unificação da Península Helênica devia-se essencialmente às suas inovações militares, que refletiam a composição social distinta do interior tribal da Grécia do Norte" (Anderson, 2007, p. 45).

Assim como Aristóteles procurou refletir a realidade de toda civilização helênica em sua concepção de homem (o que era uma inovação em seu tempo), os estoicos e epicuristas já abordam um homem helênico consolidado; o império macedônio era uma realidade irrefutável, e o homem helênico constituía-se como uma etapa estável da evolução grega.

O problema é que o império helênico consolidado fez com que a política das cidades se tornasse algo distante dos cidadãos, um fim inacessível. A política democrática de Atenas, muito embora restrita aos homens de cidadania grega, exibia a Aristóteles um fenômeno de imensa relevância: o homem é o demiurgo de sua história; o homem é o produtor de seu tempo. A política helênica desfaz os valores democráticos do homem ateniense. As cidades não mais se governavam, mas se deixavam governar. Então, "o sentimento de autonomia se desvanece rapidamente na consciência de uns homens que dependem por inteiro de forças exteriores (de um centro político longe e inacessível)" (Heller, 1983, p. 368). Aos olhos dos filósofos helênicos, o homem deixava de participar do devir de sua própria espécie.

Isso implica que o homem social de Sócrates, Platão e, principalmente, Aristóteles reduzia-se à unilateralidade da vida individual dos helênicos. A vida individual passou a ser o foco da concepção helênica de homem porque o político-social converte-se em um objeto que não se alcança. Como a intervenção na vida coletiva é transformada em inalcançável, resta cuidar da vida individual. Daí resulta que o "prazer imediato" é expresso como o fim último dos desejos humanos, para os estoicos. São estas as questões que o homem helênico terá a resolver.

O cuidado com a vida individual e a isenção de participar na vida coletiva são os aspectos que Cassirer encontrou na "impassibilidade estoica". "O homem se acha em perfeita harmonia com o universo e sabe que este equilíbrio não deve ser perturbado por nenhuma força exterior" (Cassirer, 1967, p. 13). O homem cuida de si, impassível às forças exteriores.

Nesse sentido, Hegel adverte que a herança aristotélica nos helênicos significa uma certa vulgarização do autor de *Metafísica*. De acordo com o filósofo alemão, a profunda especulação a propósito do homem que se observa em Aristóteles diminui de vigor em meio aos helênicos: "Entre os estoicos e os epicuristas, nos encontramos, em realidade, em vez da verdadeira especulação, simplesmente com uma aplicação do princípio unilateral e limitado" (Hegel, 1996, p. 341). Hegel pretende assinalar que os helênicos tomam o realismo de Aristóteles, transformando-o em um simples culto do imediato, do efêmero, do meramente cotidiano. Perde-se em abstração, com a passagem da metafísica de Aristóteles para a concepção helênica de homem, segundo Hegel. Embora haja traços de continuidade, não se pode dizer que os helênicos sejam seguidores fiéis da noção de homem histórico de Aristóteles. Heller (1983, p. 369) argumenta que o "homem social" de Aristóteles não proporcionava nenhuma solução aos problemas que estavam postos ao mundo do império helênico.

Por exemplo, ainda conforme os estudos hegelianos, os estoicos consideram a pesquisa da natureza como essencial para se chegar a conhecer a lei geral que a rege e que é a razão geral de sua existência (Hegel, 1996, p. 347). Hegel utiliza a filosofia de Zenão como aquela que tipicamente representa o estoicismo. Haveria entre os helênicos, em especial os estoicos, uma relação imediata entre Deus, a lei que rege a natureza, e as coisas reais, sem qualquer mediação, sem qualquer determinação particular que especifique as coisas reais. "O **pensamento central** da física estoica é este: a razão determinante é o dominante, o que tudo produz, o que se estende através do todo, a substância e a virtude que serve de base a todas as formas naturais" (Hegel, 1996, p. 347, grifo do original). Seriam dois polos sem mediação, o Deus universal e a coisa singular da natureza. Um em relação direta e imediata com o outro. Esse é um dos pontos que ilustram a queda no nível de abstração nos helênicos quando comparados com Aristóteles.

Também Hegel nos fala de Epicuro (341-272 a.C.), o mais renomado dos helênicos. Ao descrever o que a filosofia de Epicuro reconhecia como o caminho para se obter a verdade, Hegel demonstra que há uma certa semelhança entre Aristóteles e o helênico; segundo Epicuro, "três são os graus ou fases do conhecimento: o primeiro é a sensação, como o lado do exterior; o segundo a representação, como o lado do interior; o terceiro, a opinião, como unidade dos dois anteriores" (Hegel, 1996, p.

379). Porém, Epicuro se difere de Aristóteles quando eleva a sensação à "verdade por si mesma". Epicuro entende que a sensação é verdadeira por si mesma quando se manifesta firmemente (Hegel, 1996, p. 380). Lembrem-se de que a sensação era eleita por Aristóteles como o ponto de partida da verdade, e não como a "verdade em si mesma". Dessa forma, pode-se dizer que o homem imediato, unilateral e abstrato é o homem que comparece à concepção de mundo dos epicuristas e dos helênicos em geral. É da letra de Epicuro que se lê que o essencial para a felicidade é a nossa **condição íntima**, e dela somos todos senhores.

Mesmo assim, a despeito de suas diferenças, Epicuro foi o helênico que mais se identificou com o humano aristotélico. Heller (1983, p. 374) descreve que "se houve uma filosofia que, na época helênica, seguiu o caminho aristotélico e não o platônico, esta filosofia foi o epicurismo, ainda que de forma limitada e relativa". As palavras a seguir esclarecem a relação entre Aristóteles e Epicuro: "O epicurismo abordou o problema da atitude individual própria do humanista, daquele que aspira à autonomia. Porém, isto se deu numa época plena de contradições e saturada de evoluções particulares".

Essa época plena de contradições é a evolução da democracia de Atenas, a que Aristóteles assistiu, para o império helênico, quando o centro das decisões vitais afastava-se dos cidadãos.

## Síntese

*Vimos neste capítulo* a antropologia filosófica da Grécia. Caracterizamos a concepção de homem em Platão com sua herança de Sócrates. Ambos pensavam o homem como o eterno inquiridor de si mesmo. É a verdade descoberta pelo homem em forma de diálogos. Para Platão, no entanto, a verdade está posta sempre na alma, nos valores perenes das tradições comunitárias. Já Aristóteles toma uma direção diferente em sua concepção de homem. A sociedade escravista é a realidade social com que lida. O seu realismo é o aspecto principal que o faz considerar também o corpo, ao lado da alma. Os helênicos como Epicuro deram continuidade ao realismo aristotélico, muito embora agregassem certas peculiaridades; por exemplo, a vida eminentemente coletiva de Aristóteles foi desprestigiada face à vida cotidiana do homem médio da Macedônia, aquele homem que estava longe dos poderes decisórios da política da cidade.

## Indicações culturais

*É possível reviver* a vida social na Antiguidade grega por meio das obras de arte feitas naquele tempo. As grandes tragédias são famosas e servem a esse propósito.

> Sófocles. *Trilogia tebana:* Édipo Rei, Édipo em Colono, Antígona. 12. ed. Rio de Janeiro: J. Zahar, 2006. (Coleção Tragédia Grega).

> Sugerimos a leitura das obras do maior entre os trágicos gregos, Sófocles. As suas peças ambientadas na cidade mitológica de Tebas são exemplares: as tragédias *Édipo Rei*, *Édipo em Colono* e *Antígona* ficaram conhecidas como *Trilogia tebana*. Além dessas, são dignas de menção *Ájax* e *Electra*, também de autoria de Sófocles.

ÉSQUILO. *Prometeu acorrentado*. São Paulo: Martin Claret, 2004. (Coleção A obra-prima de cada autor).

Um trágico mais antigo, Ésquilo, fez peças de importância monumental; entre elas, destacam-se *Prometeu acorrentado* e *Os persas*.

ÉSQUILO. SÓFOCLES. EURÍPEDES. *Prometeu acorrentado*. Ájax. Alceste. 5. ed. Rio de Janeiro: J. Zahar, 2004. (Coleção Tragédia Grega).

EURÍPEDES. *Ifigênia em Áulis*. As fenícias. As bacantes. 5. ed. Rio de Janeiro: J. Zahar, 2005. (Coleção Tragédia Grega).

ÉSQUILO. SÓFOCLES. EURÍPEDES. *Os persas*. Electra. Hécuba. 6. ed. Rio de Janeiro: J. Zahar, 2008. (Coleção Tragédia Grega).

Ao lado de Ésquilo e Sófocles, figura ainda Eurípedes. Dele, citamos as suas tragédias *Alceste*, *As bacantes* e *Hécuba*.

ARISTÓFANES. *A greve do sexo:* Lisístrata. A revolução das mulheres. 6. ed. Rio de Janeiro: J. Zahar, 2006. (Coleção Comédia Grega).

A literatura grega não era feita apenas de tragédias. Constava a comédia. O pai da comédia é o grego Aristófanes. São suas as comédias *Lisístrata* e *A revolução das mulheres*, duas peças de importante papel quanto à compreensão dos valores morais que norteavam a vida grega à época.

HOMERO. *Odisséia*. São Paulo: Martin Claret, 2002. (Coleção A obra-prima de cada autor).

_____. *Ilíada*. São Paulo: Martin Claret, 2003. (Coleção A obra-prima de cada autor).

Por fim, havia a epopeia. As imperecíveis obras de Homero são para serem lidas por conter nelas algumas das maiores aquisições do gênero humano. *Odisséia* e *Ilíada* mostram a realidade grega com a tipicidade exigida pelas grandes obras de arte.

## Atividades de Autoavaliação

1. Qual o sentido histórico que se encontra na concepção de homem em Platão?
   a) A consolidação das sociedades escravistas.
   b) A plena dissolução da moral das tradições comunitárias.
   c) O perene devir do corpo histórico.
   d) A cisão do homem grego em classes antagônicas.
   e) A restauração das comunidades orgânicas e da ética comunitária.

2. Qual destes trechos explica a concepção de homem em Sócrates?
   a) O homem é a nostalgia do homem das antigas gens tribais.
   b) Tudo é histórico; move-se perpetuamente.
   c) O homem está em eterno processo de questionamento.
   d) A verdade sobre o homem está dada; não há necessidade de buscá-la.
   e) Na vida reclusa está o verdadeiro sentido da existência humana.

3. Assinale (V) para as alternativas verdadeiras e (F) para as falsas:
   (  ) O homem de Aristóteles é o homem de seu tempo.
   (  ) Aristóteles considera que o mundo é estanque; nada está em movimento.
   (  ) Para Aristóteles, as sensações são o princípio do conhecimento humano.
   (  ) Segundo a noção aristotélica de homem, tudo é passível de perecer.

4. Assinale (V) para as alternativas verdadeiras e (F) para as falsas:
   ( ) A concepção de homem em Platão e Aristóteles não difere em nenhum ponto.
   ( ) Pode-se dizer que Aristóteles é um progressista e Platão um conservador.
   ( ) Platão e Aristóteles discordam quanto à categoria do *movimento*.
   ( ) Tanto Platão quanto Aristóteles são afeitos às antigas tradições comunitárias.

5. "A sua concepção de ser humano diz respeito a uma época em que o centro das decisões políticas está distante do homem. Por isso, a sua filosofia abordou o tema da liberdade individual, do homem recluso em seu cotidiano como o comportamento autêntico". A que filósofo esta passagem se refere?
   a) Sócrates.
   b) Platão.
   c) Aristóteles.
   d) Epicuro.
   e) Zenão.

## Atividades de Aprendizagem
### Questões para Reflexão

1. Historicamente, qual o significado da eternidade da alma e da temporalidade do corpo na visão platônica de mundo?

2. Quais são os pressupostos históricos da antropologia filosófica de Aristóteles?

3. Qual a relação entre a concepção aristotélica de homem e a problemática do movimento?

4. Por que é possível de se caracterizar como progressista a visão aristotélica de mundo?

5. Em que difere o realismo dos helênicos do realismo de Aristóteles?

*Atividade Aplicada: Prática*

1. Transcreva os trechos das obras de Platão e Aristóteles que apresentam uma concepção discordante de homem. Em meio às transcrições, posicione-se diante dessas passagens, adotando o seu próprio ponto de vista em face dos autores. Segundo sua opinião, qual dos filósofos possui a concepção de ser humano que mais se assemelha à sua? Haveria, no entanto, um modo de harmonizar as ideias de Platão e Aristóteles? São algumas das questões possíveis de serem abordadas em seu texto.

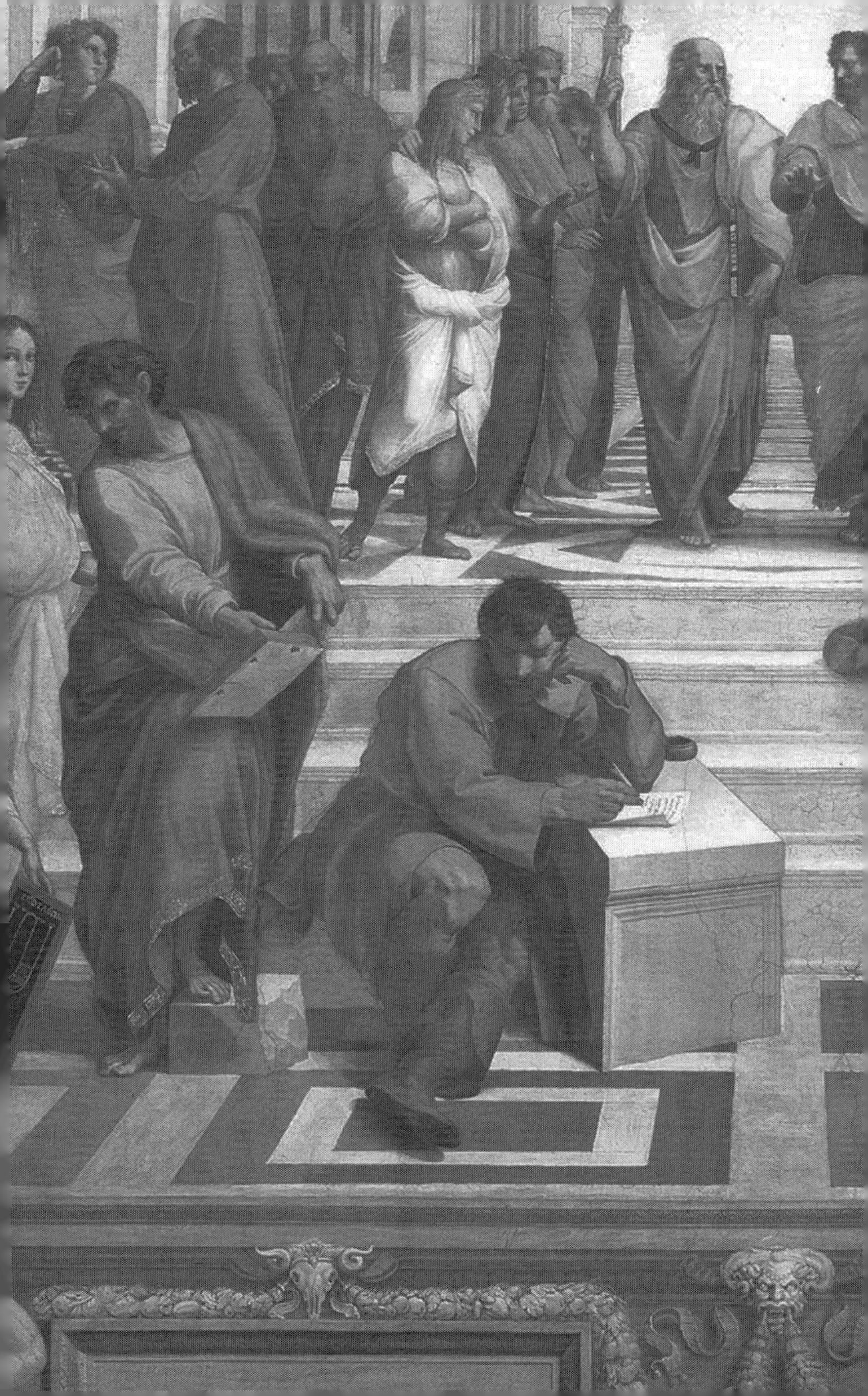

# 2

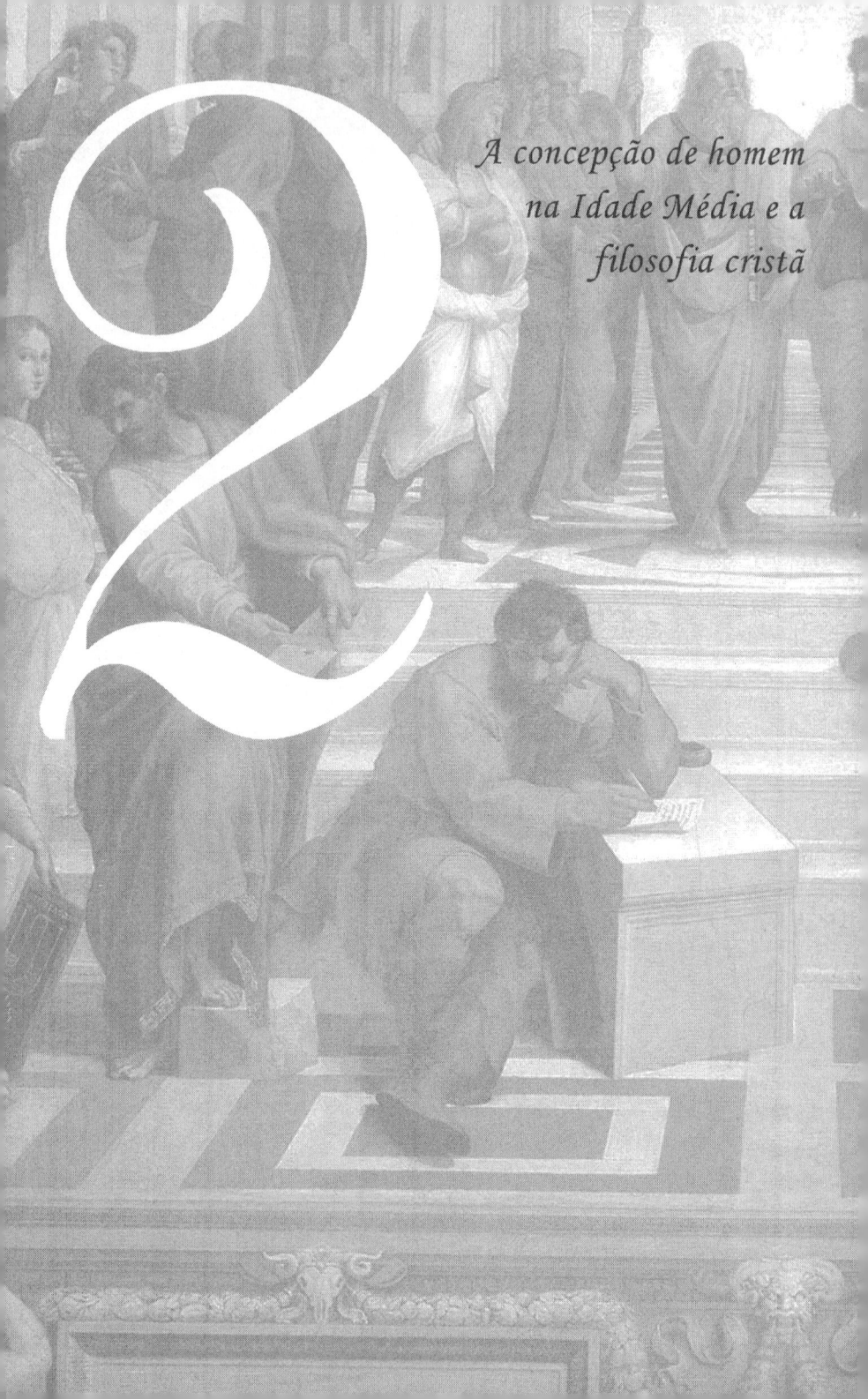

*A concepção de homem na Idade Média e a filosofia cristã*

*Agora a narrativa a propósito dos rumos da antropologia filosófica assumirá novas direções. Vamos remar para outros mares: a Idade Média. Nesse período, o que nos interessa é a concepção cristã de homem\*. Graças a autores como santo Agostinho e Boécio, a concepção cristã de humanidade obtém estatuto filosófico, quando efetivamente culmina no esplendor da filosofia de Tomás de Aquino.*

---

\* Falaremos apenas do homem cristão durante a Idade Média. Não trataremos do mundo árabe e da concepção islâmica de homem. Quem se interessar pelo assunto deve ler Gilson (2007).

## 2.1
*Pressupostos históricos*

*Sigamos, então, com* a história e vejamos como a concepção de homem dos antigos evoluiu para uma outra noção cheia de especificidades. A desagregação das sociedades antigas dura séculos. Gradativamente, as civilizações da Antiguidade deram lugar a uma nova modalidade de organização social. A última floração da Antiguidade foi o Império Romano, dominante de quase toda a Europa e o oriente próximo.

As invasões bárbaras foram o último grão de cal na ruína das relações antigas. Sob o domínio do Império romano, as comunidades germânicas iniciaram um processo de invasão a partir de 480 d.C. Essas tribos estavam organizadas de acordo com o comunismo primitivo; possuíam uma divisão gentílica da estrutura social. Aos poucos, à medida que as invasões se intensificavam, as relações comunitárias dos bárbaros germânicos foram se entrelaçando com a antiga formação dos romanos. Dessa imbricação, originou-se o feudalismo: "A longa simbiose das formações sociais romana e germânica nas regiões fronteiriças gradualmente estreitara a brecha entre ambas, embora ainda continuasse uma fenda enorme da maioria dos aspectos. De sua colisão e fusão final e cataclísmica iria surgir finalmente o feudalismo" (Anderson, 2007, p. 107).

O feudalismo começa a se solidificar no final do século V nos países da Europa Ocidental e Central. O Estado romano não resiste às sublevações invasoras das tribos germânicas e, desse longo processo de lutas e síntese, nasceu o sistema feudal, que caracteriza a economia da Idade Média.

Surgiu também uma nova relação de classes sociais. Não é mais a relação entre senhores e escravos das cidades antigas (embora escravidão não tenha desaparecido do mapa). Ao contrário da civilização urbana dos antigos, a vida social do feudalismo era basicamente rural no início de seu período de firmação. A nobreza que ascende ao poder é a proprietária de terras, dos grandes latifúndios, de amplos territórios campestres. O aspecto rural da vida se deve essencialmente à estrutura social das comunidades germânicas invasoras. E, por sua vez, a nobreza cortesã é uma derivação das formas políticas do Império Romano em decadência (Anderson, 2007, p. 125). O Estado romano dissolveu-se em feudos autônomos. O feudalismo se formou em torno da exploração dos servos por parte dos senhores feudais, a nova aristocracia que emergiu ao cabo da Antiguidade: "Os camponeses que ocupavam e cultivavam a terra não eram seus proprietários. A propriedade agrícola era controlada privadamente por uma classe de senhores feudais, que extraíam um excedente de produção dos camponeses através de uma relação político-legal de coação" (Anderson, 2007, p. 143).

A Igreja Católica não perdeu o poder adquirido durante o Império Romano. O cristianismo primitivo ascendeu à força cultural preponderante na Roma Antiga e persistiu assim na nova organização social. De acordo com Anderson (2007, p. 113-114),

> *A passagem a um sistema de Estado territorial também era inevitavelmente acompanhada pela conversão ideológica ao cristianismo – que parece ter ocorrido em todos os casos numa geração durante o início do cruzamento das fronteiras [...] A religião cristã consagrou o abandono do mundo subjetivo da comunidade de clã: uma ordem divina mais extensa era o acompanhamento espiritual de uma autoridade terrestre mais firme.*

Da transição das fronteiras dos povos bárbaros para o Império Romano seguia-se a conversão dos bárbaros ao cristianismo. Era o "acompanhamento espiritual" dessa irrupção de um novo período na história do homem.

A especificidade na Idade Média é que o catolicismo se desvinculou do Estado. Na Antiguidade, a religião estava atrelada e subordinada ao aparelho estatal. Na Idade Média, a igreja ganhou uma larga autonomia. A organização eclesiástica se difere de qualquer nobreza ou monarquia secular (Anderson, 2007, p. 148).

Certamente, tendo em vista a correlação das forças espirituais, a concepção de homem que vigorava na Idade Média dizia respeito ao cristianismo. Esse será o elemento preponderante nas respostas que os filósofos medievais darão à pergunta: "O que é o homem?". O homem que se orientava pelas Sagradas Escrituras e pelas leis eclesiásticas era a concepção que imperava na cultura medieval.

De modo gradual, a educação laica da cultura helênica perdeu espaço para a educação cristã. Poetas clássicos como Sêneca e Virgílio só podiam ser lidos porque são considerados cristãos. A cultura humanista típica da Antiguidade não respondia mais às novas circunstâncias históricas, em que os silenciosos mosteiros de vida contemplativa se tornariam o centro cultural da época.

A antiga metafísica perdeu suas características. Entre os antigos (principalmente Aristóteles), a metafísica designava o estudo dos seres que estão para além da natureza, isto é, a sociedade. O que estaria para além da física natural? A "física" social, a metafísica. Nesse caso, o método metafísico se direciona para a pesquisa do homem. Quanto à metafísica medieval, a coisa se transforma. A metafísica torna-se o estudo de Deus, o ser que está para além de absolutamente qualquer física, seja a da natureza ou a da sociedade. Assim sendo, a metafísica deixou de ser o estudo do homem (como entendia Aristóteles) e passou a ser o estudo filosófico de Deus.

O autoconhecimento do homem implica obter o conhecimento de Deus. Haja vista que o homem foi feito à imagem e semelhança de Deus, o caminho da verdade é conhecer o original, Deus, e a cópia, o homem, relega-se ao segundo plano.

## 2.2
## O nascimento do homem cristão: santo Agostinho e Boécio

*Santo Agostinho viveu* no limiar desse novo tempo. Nascido em 354 e morto em 430 d.C., sua vida transcorreu em meio ao período de transição do qual falamos. Registram-se em sua filosofia os primórdios do nascimento do homem feudal. É um precursor da concepção desse homem cristão que está aos poucos assumindo a feição própria.

Sua filosofia bebe principalmente na fonte de Platão. No entanto, a filosofia da alma eterna de Platão é despojada de seu caráter conceitual racionalista e transforma-se em uma teologia; basta comparar os trechos transcritos dos diálogos platônicos com esta passagem das *Confissões* de santo Agostinho (1999, p. 39-40):

> Ó Deus tão alto, tão excelente, tão poderoso, tão onipotente, tão misericordioso e tão justo, tão oculto e tão presente, tão formoso e tão forte, estável e incompreensível, imutável e tudo mudando, nunca novo e nunca antigo, inovando tudo e cavando a ruínas dos soberbos, sem que eles o advirtam; sempre em ação e sempre em repouso; granjeando sem precisão; conduzindo, enchendo e protegendo, criando, nutrindo e aperfeiçoando, buscando, ainda que nada Vos falte.

A filosofia se reveste dos salmos cristãos. Quase não se distinguem. As elaborações racionais platônicas rebatem em santo Agostinho, ainda que, neste último, a filosofia tenda a perder sua autonomia perante a religião.

A filosofia pressupõe a religião, em santo Agostinho. Segundo a sua concepção filosófica, o conhecimento provém das escrituras e, para conhecê-las, é necessário ter fé, crer que elas dizem a verdade (Gilson, 2007, p. 144). Por isso, a fé precede o conhecimento ou, em outros termos, a religião precede a filosofia. Primeiro, é preciso acreditar na veracidade das escrituras para depois extrair delas o autêntico conhecimento sobre as coisas.

Cassirer (1967, p. 14) está correto quando afirma que, nas *Confissões* de santo Agostinho, seguimos a marcha da filosofia grega à religião cristã. O caráter racional do homem aristotélico (e também do helênico de Epicuro) não comparece à concepção de homem da nascente sociedade feudal. Descrevendo a época juvenil em que lia Aristóteles e era influenciado pela filosofia racionalista do grego, santo Agostinho (1999, p. 117) questiona: "De que me aproveitava isto, se só me prejudicava?" Reconhece posteriormente, em sua confissão direta ao próprio Deus, quando via o mundo com as lentes de Aristóteles: "Era falso o que pensava de Vós. Era mentira. Eram ficções da minha miséria, e não uma concretização da vossa beleza" (Agostinho, 1999, p. 117). Santo Agostinho defende que as filosofias anteriores à aparição de Cristo padeceram do erro de acreditar na razão, esquecendo-se de que todo o poder de conhecimento emana das "revelações divinas". Daí se conclui com santo Agostinho que a razão é uma das faculdades mais duvidosas do homem, a qual jamais poderia nos conceder o caminho da luz, da verdade e da sabedoria (Cassirer, 1967, p. 14).

Em santo Agostinho, "temos assim uma subversão completa de todos os valores mantidos pela filosofia grega. O que em um tempo pareceu ser o sumo privilégio do homem aparece agora como seu perigo e tentação; o que constituía seu orgulho resulta em sua humilhação mais profunda" (Cassirer, 1967, p. 14).

Comprova-se a hipótese de Cassirer com a leitura de passagens como essas, em que Agostinho (1999, p. 71) dirige-se a Deus: "A curiosidade parece ambicionar o estudo da ciência, quando só Vós é que conheceis tudo plenamente!" A ciência é vã diante da amplidão divina. Ou no instante em que o filósofo narra a época quando pertencia a um grupo de jovens estudiosos em Cartago, os maniqueístas, que se diziam fiéis a Deus, apesar de não professarem a verdadeira palavra de Deus: "Exprimiam-se falsamente não só de Vós, que verdadeiramente sois a Verdade, mas ainda acerca dos elementos deste mundo, criaturas suas" (Agostinho, 1999, p. 85). A verdade das criaturas mundanas apenas se expressa a partir das Sagradas Escrituras.

É próprio do homem de Agostinho que na alma estejam os dons de Deus, ao passo que o corpo padeça da temporalidade. Em um sermão de sua autoria, é dito que "a vida humana, enquanto se prolonga e parece prolongar-se, é antes um descrescimento do que um crescimento" (Agostinho, 1999, p. 41). A vida terrena não apresenta qualquer acréscimo à sabedoria humana; pelo contrário, enquanto ela se prolonga, parece que a autoconsciência do homem se reduz. A autêntica sabedoria está nos céus da santíssima trindade. Por tal motivo, "um ser espiritual, ainda que informe, vale mais do que qualquer corpo material organizado" (Agostinho, 1999, p. 377). No parágrafo XVI do livro I das *Confissões*, a mesma ideia recebe nova coloração: "Ai de ti, torrente de hábitos humanos! Quem te resistirá? Até quando hás de correr, sem te secar?" (Agostinho, 1999, p. 54). Até quando os hábitos humanos vão correr sem secar, desvirtuando assim as verdadeiras qualidades do homem temente ao Deus eterno? Por tudo isso, chega-se facilmente à frase canônica: "Desgraçada é toda alma presa pelo amor às coisas mortais" (Agostinho, 1999, p. 105). Não era de se esperar uma atitude diversa em um filósofo extremamente vinculado aos preceitos religiosos do cristianismo como santo Agostinho.

Estamos, pois, no polo oposto ao de Aristóteles, para quem o autoconhecimento do homem inicia-se com as sensações físicas, e ao de Epicuro, autor que defendia que a alma é corpórea, feita de átomos.

Quanto à circunstância histórica a que pertence, a postura de santo Agostinho é coerente. A ordem medieval, a sociedade dos nobres feudais, é naturalizada por Agostinho como um reflexo da ordem dos céus. A dominação aristocrática dos senhores sobre os servos traduz a dominação provinda da santíssima trindade. É perfeitamente natural que assim seja, sob a perspectiva de santo Agostinho. Lemos que "de fato, assim como, nos poderes que existem na sociedade humana, o maior impõe ao menor, para que este lhe preste obediência, assim Deus domina a todos" (Agostinho, 1999, p. 91). A dominação do mais forte para que o mais fraco lhe sirva com obediência é a versão terrena da dominação do Todo-Poderoso sobre as demais criaturas. Para dizer o óbvio, Agostinho é um homem de seu tempo que, ao conceber sua noção de gênero humano, inevitavelmente refletiu a humanidade de seu período histórico.

O sucessor direto de Agostinho foi Boécio (480-524 d.C.). Com grandes especificidades, podemos dizer que ele contribuiu tanto quanto santo Agostinho para as primeiras concepções do homem cristão medieval. Tendo vivido no século V, esse filósofo foi um cristão que também se serviu preponderantemente do pensamento platônico, muito embora tenha sido tradutor de Aristóteles.

Storck (2003, p. 12) analisa o projeto filosófico de Boécio dizendo que

> A aristocracia romana medieval manifestava um grande apego à cultura grega. A maioria falava perfeitamente o grego, conhecia a filosofia e a literatura e admirava os padrões artísticos gregos. O mesmo acontecia com Boécio, que fora educado, desde sua infância, segundo os moldes da cultura grega. Essa já não era, no entanto, a situação da maioria dos seus contemporâneos. Os romanos falavam e liam cada vez menos o grego – o que, aos olhos de Boécio, fazia aumentar a distância que separava a aristocracia das bases da cultura romana. Tentando, então, retomar a bagagem cultural grega que julgava ser indispensável para um verdadeiro cidadão romano, Boécio lança-se em um projeto que ele próprio caracteriza como o de instruir as cidades romanas com as ciências próprias à sabedoria.

Vemos, portanto, que a filosofia grega inspira a antropologia de Boécio. Contudo, a sua situação histórica o impede de filosofar à maneira dos antigos. A despeito de sua vontade, Boécio não é mais um pensador da Antiguidade; pertence já à nascente Idade Média.

É de Platão que Boécio retira as bases de sua antropologia filosófica. Retorna neste a dialética socrática de eterna investigação, de construção do autoconhecimento em forma de diálogos. A racionalidade socrática e platônica configura-se no método desse filósofo: para Boécio, o homem está sempre em processo de inquirição sobre si mesmo. E, como já adiantamos, o autoconhecimento do homem de Boécio leva a Deus. A pesquisa que o homem promove sobre si termina por conduzi-lo à ideia do Deus criador. Ao escrever um diálogo cujo interlocutor é a própria filosofia, Boécio (1955, p. 25) afirma que, em momentos tormentosos, a filosofia o inspirava: "Tu me inspiravas continuamente, fazendo ressoar em meus ouvidos e em meu pensamento a máxima de ouro de Platão: segue a Deus". Estampa-se em Boécio a dinâmica vista antes em Agostinho: Platão é convertido em um cristão.

Igualmente, o platonismo é o fundamento de que Boécio retira a noção de que o corpo humano é acometido por paixões enganadoras, enquanto na alma está a autêntica sabedoria. Ou, como o filósofo diz, "sob o domínio das paixões, uma pesada névoa se encerra sobre o espírito, que se sente pesado como estivesse atado a fortes correntes" (Boécio, 1955, p. 31). Há um misto de platonismo e estoicismo no instante em que Boécio recusa a felicidade nos bens exteriores; a satisfação das sensações, a riqueza material, não deve ser o fim almejado pelos homens porque "muitas vezes as riquezas prejudicaram os seus possuidores, já que os piores entre os homens, e por isso mesmo os mais avaros dos bens alheios, acreditaram-se com o perfeito direito de possuir somente eles todos os ouros e as pedras preciosas que possam existir" (Boécio, 1955, p. 46).

Como toda a filosofia cristã, Boécio entendia que a realidade era obra de um Deus atemporal. O tempo foi criação de um ser que está para além do tempo, pois "nenhum de teus seres se desentende de tua lei antiga e nenhum descuida da tarefa no posto que o fixaste; a tudo conduz e guia a tua vontade imóvel" (Boécio, 1955, p. 26). Esse seria o "criador dos céus e da Terra, que da eternidade fez brotar o tempo" (Boécio, 1955. p. 72).

O "sumo bem" a que buscam os homens é o Deus Criador. Não são os ouros e as pedras preciosas, os bens terrenos. O maior de todos os bens está em Deus. Mencionemos as palavras de Boécio (1955, p. 60) mais uma vez: "O bem é o que buscam os mortais apesar da diversidade de suas aptidões [...]; pois, ainda que os pensamentos sejam opostos e até mesmo contraditórios, em um aspecto coincidem, a saber, na eleição do fim, que não é outro senão o sumo bem". O bem supremo é eleito o maior de todos os prazeres pelos homens, a despeito da diferença entre seus pensamentos e competências. Com efeito, os termos de Boécio (1955, p. 133) são conclusivos: "Caso não quereis vos enganar a vós mesmos, tendes a probidade e a honradez como lei suprema, já que tudo o que fazeis está sob o olhar de um juiz supremo".

Poucos pensadores contribuíram para a concepção do homem cristão com algo além de Agostinho e Boécio até o século XIII. Foi uma época de empobrecimento cultural. Os principais personagens desse meio tempo não superaram santo Agostinho. Nomes mais importantes como João Escoto Erígena, no século IX, e Anselmo de Cantuária, no século XI, foram fiéis seguidores do platonismo cristão de Agostinho sem muito acrescentar àquilo que fora escrito por seu mestre.

Mas a Idade Média não terminaria sem antes nos apresentar um outro grande pensador. Dos primórdios da Idade Média vivenciados por Agostinho e Boécio, a história caminha e chegamos à plena consolidação do sistema feudal no século XIII. Nesse instante, o feudalismo estava com sua economia estabelecida na Europa Ocidental, como diz Anderson (2007, p. 177-178):

> Pelo século XIII, o feudalismo europeu já havia produzido uma civilização unificada e desenvolvida, que registrava um enorme avanço em relação às comunidades

*rudimentares e fragmentadas da Idade Média. Eram muitos os índices deste avanço. O primeiro e mais fundamental deles foi o grande salto para frente que produziu o excedente agrícola no feudalismo.*

O comércio também correspondeu ao crescimento do excedente agrícola. Com um maior número de bens produzidos, havia a possibilidade de se incrementar a troca mercantil. De fato, isso aconteceu. As cidades ganharam novo fôlego depois da época de obscuridade vivida durante a instauração do feudalismo. Agora, a partir do século XIII, as cidades viraram o ponto de interseção dos mercados que se avolumam (Anderson, 2007, p. 185). Nas cidades mediterrâneas, esse crescimento foi exponencial. Há um dado estatístico que evidencia este desenvolvimento: "Em 1293, as taxas marítimas só do porto de Gênova rendiam três vezes e meia a mais do que todo o rendimento real da monarquia francesa" (Anderson, 2007, p. 188).

Os feudos não deixaram de ser o polo central da vida na Idade Média, mesmo porque as cidades estavam geralmente sob o jugo dos senhores feudais e eram por eles controladas.

Nesse contexto, "surgia um novo tipo de intelectual, não mais satisfeito com o conceito tradicional de sabedoria cristão. Desejosos, sobretudo, de desenvolver o conhecimento humano em sua totalidade, esses novos pensadores estavam aptos a assimilar o gigantesco volume de conhecimento greco-árabe que em breve chegaria ao mundo latino" (Storck, 2003, p. 32-33).

## 2.3
### *O renascer do racionalismo em Tomás de Aquino*

*Tomás de Aquino* (1225-1274) foi um desses novos intelectuais ávidos por abranger novos horizontes do conhecimento acerca do homem e da natureza. Foi um dos maiores nomes da cultura medieval e, como filósofo, foi quem concedeu os últimos retoques na antropologia cristã. A concepção de homem formulada por Tomás de Aquino é uma resposta a essa nova circunstância histórica. São oito séculos de distância entre ele e o fundador da concepção medieval de homem, santo Agostinho. Ao passo que Agostinho se servirá de um certo Platão, Aquino fará uso de um certo Aristóteles*.

Strathern (1999, p. 25) esclarece que a diferença entre a relação dos dois filósofos medievais com os dois gregos é compreendida em seu contexto temporal. Agostinho absorveu as ideias de Platão porque "o mundo não passava de um pobre palco no qual a humanidade suportava o drama das suas batalhas espirituais; a verdadeira realidade estava no reino transcendente das ideias puras". Um Platão despojado de seu racionalismo socrático adequava-se ao mundo rural dos mosteiros bucólicos de santo Agostinho. Já Tomás de Aquino viveu uma etapa distinta da Idade Média. O cristianismo deixa os mosteiros e abadias e caminhava para as catedrais góticas das grandes cidades. A urbanização trouxe problemas que deveriam ser resolvidos, que careciam de compreensão; a vida ativa das cidades não encontraria as respostas a seus problemas no Platão banhado na pia batismal de santo Agostinho. Pelo contrário, "a abordagem científica de Aristóteles parecia adequar-se a essas necessidades. O mundo medieval acordava do seu sono e os avanços tecnológicos começavam a aparecer" (Strathern, 1999, p. 25).

Eis então que a concepção de homem de Aristóteles voltou à cena. Tomás de Aquino não se absteve de discutir as coisas terrenas. As sensações aristotélicas foram retomadas e o corpo não foi excluído da dinâmica de autoconhecimento do homem: "À bem-aventura

---

* Não se podem negar os aspectos aristotélicos em Boécio. Entretanto, os traços de Aristóteles na concepção de homem de Boécio são sobrepujados pela influência dominante de Platão.

dos santos compete à glória não só da alma, senão também do corpo" (Aquino, 1990, p. 170).

É uma modificação em respeito a santo Agostinho. As sensações corpóreas, que estavam em suspensão desde o helenismo de Zenão e Epicuro, voltaram ao debate. O homem de Tomás de Aquino possui alma e corpo em união.

Tomás de Aquino (1990, p. 171) escreveu passagens de inspiração essencialmente aristotélica: "Caso se subtrai a uma realidade o que lhe dá a espécie, perde-se esta espécie e a realidade não pode permanecer a mesma; assim, perdida a forma do corpo natural, não pode permanecer o mesmo". É mérito de Aquino o ressurgimento da antropologia filosófica de Aristóteles na concepção medieval de humanidade.

Porém, não se enganem: Tomás de Aquino não era um realista convicto como o seu mestre grego. Como não poderia deixar de ser, a sua visão de homem estava atrelada ao cristianismo. Por isso, assim como santo Agostinho, o corpo permanecia submisso à alma. Os homens que faziam dos prazeres corpóreos o fim dos seus objetivos não estavam em concordância com os preceitos divinos. Por mais aristotélica que fosse a concepção de humano em Tomás de Aquino, ela não se desvinculava do ideal sagrado cristão da religião católica. É necessário que se leia de sua própria letra: "A virtude da esperança, cujo objeto principal não é a glória do corpo, senão a fruição divina" (Aquino, 1990, p. 171). Logo adiante, a mesma ideia é repetida:

> *Sendo a esperança a virtude teologal cujo objeto é Deus, o objeto principal da mesma é a glória da alma, que consiste no gozo divino, porém não a glória do corpo. Por outra parte, a glória do corpo, ainda que tenha razão formal de árduo respeito à natureza humana, não a tem para quem possui a glória da alma, porque a glória do corpo é insignificante em comparação com a glória da alma.*

Na hierarquia dos bens humanos, Tomás de Aquino estabelece a sequência a partir da alma, é claro. Embora admita que os vícios possam ser distinguidos entre os da alma e os do corpo, Aquino defende que os vícios da alma de fato corrompem o ser humano. Os bens da alma não podem ser arrebatados por ninguém a não ser Deus. Já os bens do nosso corpo natural e os bens exteriores são passíveis de serem levados por qualquer outro (Aquino, 1990, p. 583).

Contudo, efetivamente, Aquino não fechou os olhos para os bens do corpo. O seu humano está assentado sob bases naturais; a alma assenta-se sobre um corpo físico; a transcendência eterna não prescinde da imanência temporal. Ainda que sejam hierarquicamente inferiores aos bens da alma, os bens do corpo são tema de discussão de sua antropologia filosófica. É o que pode ser visto em importantes trechos, nos quais se diz que

> Os bens do corpo devem ser considerados em três aspectos: primeiro, a integridade da substância corporal, a qual se prejudica pelo homicídio e pela mutilação; segundo, o repouso dos sentidos, a que se opõem os golpes ou tudo o que produz dores; terceiro, o uso ou movimento dos membros, que podem ser impedidos pelas correntes, encarceramento ou qualquer detenção. (Aquino, 1990, p. 541)

A filosofia de Tomás de Aquino é racionalista, o que não está em contradição com a crença em um Deus transcendente. Para o filósofo, a existência de Deus pode ser deduzida de modo racional. Deus seria a "força motriz" das coisas. Essa noção de primeiro motor remonta a Aristóteles e ao seu Deus imóvel, que pôs os eventos da natureza em processo de mutação. Aquino recebeu a influência aristotélica e transformou o "primeiro motor" de Aristóteles no Deus cristão. Segundo a *Suma teológica* (*Suma de teología*) de Aquino, tudo o que está na natureza foi colocado em movimento por algum princípio dinâmico. O primeiro de todos os motores da realidade concreta foi Deus, como uma mão que move uma série de varetas. Esse é o método racionalista, herdado de Aristóteles, com o qual Tomás de Aquino procurava comprovar a existência de Deus*.

Assim, é preciso demarcar: o elemento novo que Aquino acresce ao racionalismo aristotélico é a fé, o que estava longe dos planos do filósofo grego. Razão e fé constituem um par indissociável para a antropologia tomista. Como escreve Gilson (2007, p. 655):

> Uma dupla condição domina o desenvolvimento da filosofia tomista: a distinção entre a razão e a fé, e a necessidade de sua concordância. Todo o domínio da filosofia pertence exclusivamente à razão; isso significa que a filosofia deve admitir apenas o que é acessível à luz natural e demonstrável apenas por seus recursos. A teologia baseia-se, ao contrário, na revelação, isto é, afinal de contas, na autoridade de Deus.

Assegura-se então um espaço para a razão em meio às revelações divinas. Há um domínio próprio da filosofia (o demonstrável por meio da racionalidade) e um distinto para a teologia (o revelável pela intervenção divina).

Porém, ambas procuram a verdade; à sua maneira, a razão está em busca do verdadeiro filosófico e, igualmente, a fé está à procura do verdadeiro teológico. Aqui está a sua concordância, segundo Aquino. Uma verdade não pode discordar de outra verdade. A verdade da razão deve estar necessariamente em concordância com a verdade da fé. "Daí resulta que, todas as vezes que uma conclusão filosófica contradiz o dogma, é um indício certeiro de que essa conclusão é falsa. Cabe à razão devidamente advertida criticar em seguida a si mesma e encontrar o ponto em que produziu o seu erro" (Gilson, 2007, p. 656).

Por mais aristotélico que fosse, Aquino era um filósofo cristão. A fé é o valor supremo; a razão se submete aos mandos das revelações divinas. A antropologia filosófica deve inevitavelmente estar de acordo com a antropologia teológica; caso contrário, gera erro.

---

\* A noção aristotélica de Deus como o primeiro motor já constava em Boécio, ainda que o filósofo não retirasse maiores consequências dessa ideia.

Ao vermos a difícil empreitada de Tomás de Aquino ao tentar unir a razão aristotélica à fé cristã, é forçoso reconhecer que há procedência na seguinte afirmação de Gilson (2007, p. 657): "Se se trata de física, de fisiologia ou de meteoros, santo Tomás é apenas aluno de Aristóteles; mas se se trata de Deus, da gênese das coisas e de seu retorno ao criador, santo Tomás é ele mesmo".

*Síntese*

O *capítulo que* se conclui nos mostrou a concepção medieval-cristã de homem. A Idade Média nasce com a doutrina do homem cristão assumindo os ares de ideias filosóficas. Santo Agostinho é o primeiro grande filósofo que cumpre o papel de conceber uma antropologia filosófica para o cristianismo. A fé nas escrituras sagradas está em primeiro lugar. A razão grega é colocada à parte. Boécio segue o mesmo caminho. O autoconhecimento humano nos conduz inevitavelmente a Deus, segundo Boécio. Tomás de Aquino dará novas interpretações ao homem cristão. Chamando Aristóteles de volta para os livros de filosofia, Aquino resgata o racionalismo do filósofo antigo, adequando-o à doutrina cristã.

*Indicações culturais*

O SÉTIMO selo. Direção: Ingmar Bergman. Produção: Allan Ekelund. Suécia: Janus Films, 1956. 100 min.

Para a compreensão das relações sociais na Idade Média, é válido assistir aos filmes de Ingmar Bergman, especialmente o mais representativo de todos, *O sétimo selo*. Nesse filme, temos um nobre feudal que retorna de uma das cruzadas e, diante de todo o horror visto na guerra, começa a colocar em dúvida as crenças religiosas do cristianismo.

O INCRÍVEL exército de Brancaleone. Direção: Mario Monicelli. Produção: Mario Cecchi Gori. Itália: Spectra Nova, 1966. 120 min.

Outro filme merece atenção: *O incrível exército de Brancaleone*, de Mario Monicelli. É uma comédia que mostra com nitidez as relações feudais e os seus valores, ainda que seja em tom satírico.

ALIGHIERI, Dante. *A divina comédia*. Brasília: Thesaurus, 2005.

É importantíssima também a leitura da obra-prima da poesia medieval: *A divina comédia*, de Dante. Nessa grande obra, o poeta narra os descaminhos pelos quais o homem deve passar até atingir o paraíso cristão. Durante o trajeto, Dante expõe uma coleção de personagens históricos, distribuídos de acordo com os preceitos da Igreja Católica entre o inferno, o purgatório e o paraíso.

Eco, Umberto. *O nome da rosa*. Rio de Janeiro: Nova Fronteira, 2000.

Indicamos a leitura de um livro contemporâneo que reflete a vida nos mosteiros medievais: *O nome da rosa*, de Umberto Eco. Em suma, esse romance aborda o monopólio cultural da igreja à época. Vale dizer que foi produzido um filme homônimo baseado neste romance, cuja direção ficou a cargo de Jean-Jacques Annaud.

## Atividades de Autoavaliação

1. Sobre os pressupostos históricos para a concepção cristã de homem, pode-se dizer:
    I. Instauram-se as relações feudais, após a dissolução das sociedades antigas.
    II. A religião católica detém o monopólio cultural durante a Idade Média.
    III. O racionalismo clássico continua a vigorar em meio aos filósofos nos primórdios da Idade Média.

    a) Apenas os itens I e II estão certos.
    b) O item I é o único certo.
    c) O item III é o único certo.
    d) Todos os itens estão errados.

2. Quanto à relação entre santo Agostinho e a filosofia de Platão, é correto afirmar:
   a) Agostinho é um seguidor fiel de Platão e não modifica em nada a concepção de homem platônica.
   b) O filósofo medieval resgata o idealismo platônico, mas o despoja da racionalidade dialética.
   c) Não há diferença alguma entre o homem de Agostinho e o de Platão.
   d) O homem de Agostinho é um eterno inquiridor de si mesmo, assim como era em Sócrates e em Platão.

3. Assinale (V) para as alternativas verdadeiras e (F) para as falsas.
   (  ) A ciência é rebaixada em face da religião na filosofia de santo Agostinho.
   (  ) Boécio afirma que o autoconhecimento do homem o leva até Deus.
   (  ) Há uma hierarquia entre os dons na filosofia de Boécio.
   (  ) Seguir a Deus não é o comportamento eticamente correto para Boécio.

4. Qual destes fatores não condiz com os pressupostos históricos para a filosofia de Tomás de Aquino?
   a) O desenvolvimento urbano.
   b) O desenvolvimento do comércio.
   c) A racionalidade dos novos avanços tecnológicos.
   d) A permanência da vida rural, sem modificações.

5. Como é estabelecida a relação entre a razão e a fé, em Tomás de Aquino:
   a) A razão é superior à fé.
   b) Ambas buscam a verdade divina.

c) A busca da razão não deve necessariamente concordar com a busca da fé.

d) Não há hierarquia entre a fé e a razão; ambas possuem estatutos iguais.

## Atividades de Aprendizagem

### Questões para Reflexão

1. Como santo Agostinho estabelece a relação entre a fé e o conhecimento?

2. Descreva a hierarquia entre dons formulada por Boécio.

3. Qual o significado histórico da influência de Aristóteles em Aquino?

### Atividade Aplicada: Prática

1. Escreva um texto que resuma seu ponto de vista sobre a relação entre a religião e a sua própria concepção de homem. Nesse texto, as ideias apresentadas neste capítulo devem ser levadas em conta. De que maneira pode ser descrita a sua concepção de homem e o problema religioso? A religião é necessariamente conflitante com o modo com que você concebe o gênero humano?

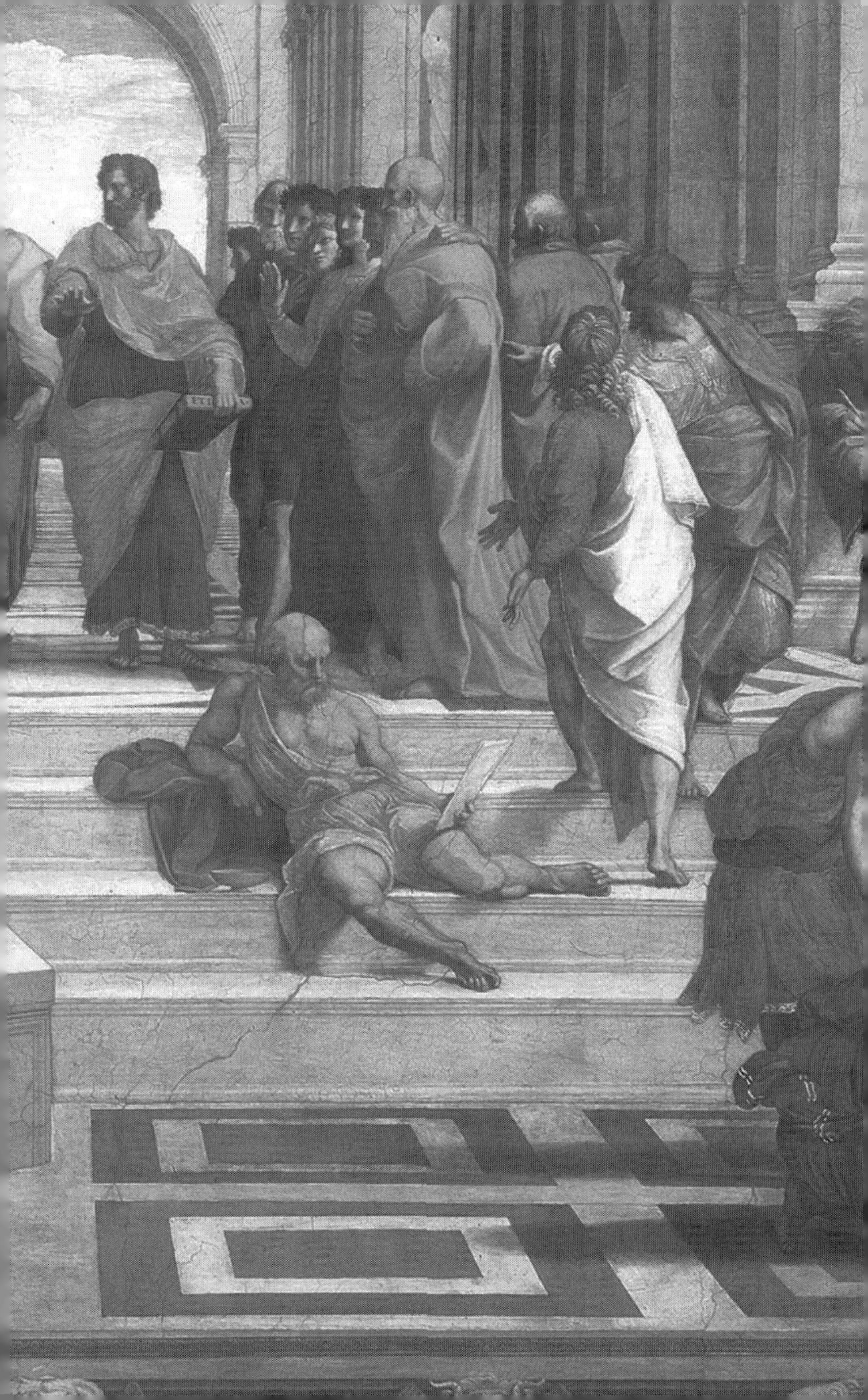

# 3

*O antropocentrismo:
o homem do Renascimento
e o racionalismo cartesiano*

Uma *fase nova* será o tema do presente capítulo. É tempo de deixarmos a Idade Média para trás e, aos poucos, adentrarmos a modernidade. Talvez não fosse preciso dizer que uma outra concepção de homem nascerá aqui. Diferenciando-se do homem cristão-medieval, são outros conceitos que invadem a noção de homem da modernidade. A razão, a transformação e a totalidade da vida social são categorias que fazem parte do vocabulário desses grupos de indivíduos que conduzirão a passagem do homem medieval para o moderno.

## 3.1
*Pressupostos históricos*

*As contradições internas* observadas na sociedade medieval a levaram à ruína. Um período de gigantescas transformações teve início a partir do século XIV. A Europa ocidental recebeu novos ares vindos do crescimento do comércio mediterrâneo.

Para compreender a crise da economia feudal, é preciso levar em conta o principal de seus aspectos: **o surgimento da economia capitalista**. Essa é a maior das transformações que nos levaram à modernidade. O crescimento do comércio, já citado anteriormente, ao qual a filosofia de Tomás de Aquino responde, adquiriu uma feição revolucionária. Daqui brotou a classe burguesa, o grupo social que colocará fim à economia feudal e iniciará as épocas da sociedade moderna. Os comerciantes dos séculos XIV e XV tomavam conta do mundo: eram eles que faziam as grandes navegações, descobriam as partes do globo que ainda restavam ignoradas pelos europeus, enriqueciam-se com o comércio e rumavam para a produção de mercadorias. O mundo tornou-se mais amplo que os quintais dos feudos. O incipiente mercado mundial iniciou o seu trajeto de constituição que ainda está em via de se concluir até hoje. As mais variadas sociedades do globo entram em contato por meio do intercâmbio de mercadorias.

Os interesses da burguesia entravam em conflito com as tradições da sociedade medieval. As relações feudais deveriam recuar para que as relações capitalistas avançassem. E, de fato, a Idade Média recuou porque, sob a liderança da burguesia, foi dada a largada para uma época revolucionária que instituiu a modernidade.

Nessa fase heroica da modernidade, as forças do homem foram libertas das amarras das tradições medievais. Uma série de invenções tecnológicas acompanhou esse período de instituição da sociedade moderna de que falamos agora. O primeiro dos grandes cientistas foi Nicolau Copérnico; foi dele o estopim para toda uma geração de grandes físicos, químicos, astrônomos e cientistas naturais em geral. Vejam que "em 1497, Copérnico fez sua primeira observação astronômica, a ocultação da estrela Aldebarã pela Lua. Em 1500, enquanto Cabral descobria o Brasil, Copérnico dava um seminário em Roma sobre um eclipse parcial da Lua" (Gleiser, 2006, p. 96). Entre 1510 e 1514, Copérnico publicou a sua mais reveladora teoria: o Sol é o centro do universo e da órbita de todos os planetas; e que apenas a Lua gira em torno da Terra e nenhum outro astro (Gleiser, 2006, p. 97). Foi uma grande descoberta que começou a derrubar cientificamente as ideias teocêntricas do universo.

Em 1572, Tycho Brahe descobriu a existência de uma nova estrela no cosmo. No livro que escreveu sobre os aspectos dessa descoberta, o astrônomo descreveu os instrumentos com os quais observou a presença da até então inédita estrela na constelação de Cassiopeia. Um pouco mais tarde (precisamente entre 1594 e 1597), Johannes Kepler descobriu as leis matemáticas que regem os movimentos planetários. Graças a Kepler, temos o conhecimento acerca do arranjo geométrico das distâncias e dos movimentos dos planetas. Em 1600, Giordano Bruno foi morto nas fogueiras da Inquisição Católica por discordar da teologia cristã e sustentar que o universo não é finito e que a sua extensão é feita de um interminável número de planetas como o nosso. O ano de 1610 marcou o início das publicações de Galileu, quando ele apresentou ao mundo as estrelas que giram em torno de Júpiter, entre outras descobertas. Seus escritos culminaram nos tratados sobre o movimento dos objetos em queda livre e dos projéteis (em 1635). Algumas décadas depois, Isaac Newton descobriria a lei da gravidade*.

---

\* Essas informações a respeito do desenvolvimento da física nesse período foram retiradas de Gleiser (2006).

Todos esses descobrimentos abriram o campo da ciência para além dos dogmas medievais: "Foi um lento despertar, a preguiçosa primavera lutando contra o frio abraço do inverno" (Gleiser, 2006, p. 88). A partir de Copérnico, ficou difícil para a Igreja Católica manter a concepção teocêntrica do mundo. Para o cristão, o mundo deveria estar no centro do universo, uma vez que precisamente esse mundo foi a criação de Deus. Afinal, como não estaria no centro do universo a criação de Deus, com a qual a maior das divindades gastou seis de seus dias? Contra o inverno dos dogmas do catolicismo, esse primaveril despertar da ciência foi o outro lado da mesma moeda: *o homem se descobria; desvendava a sua própria potencialidade de transformação do mundo; dominava a natureza em seu entorno e no distante universo dos movimentos celestes; dominava com a razão também as relações de si mesmo com o outro homem.*

## 3.2
*O antropocentrismo da Renascença*

*Daremos a este* momento o nome de *antropocentrismo*. Gradualmente, liberto do "frio abraço" da Idade Média, o homem agora despertava. Para a antropologia filosófica, o fato significou uma etapa completamente distinta das que antes vimos.

Analisemos com detalhes.

No campo da filosofia, o despertar do homem moderno é apresentado pela Renascença. É um fato conhecido que os renascentistas são mais famosos pela arte que produziram (Giotto di Bondone, Leonardo da Vinci, Michelangelo etc.), entretanto, a antropologia filosófica comparece com grande força a esse primeiro movimento cultural da era moderna. O homem renascentista era um homem antropocêntrico; o humano estava no centro de seus interesses. Com efeito, o objeto de pesquisa da filosofia renascentista era o próprio **homem**.

Heller (1983, p. 9) descreve assim o conceito de homem do Renascimento:

> *Com o Renascimento surge um conceito dinâmico do homem. O indivíduo passa a ter a sua própria história de desenvolvimento pessoal, tal como a sociedade adquire também a sua história de desenvolvimento. A identidade contraditória do indivíduo e da sociedade surge em todas as categorias fundamentais. A relação entre o indivíduo e a situação torna-se fluida; o passado, o presente e o futuro transformam-se em criações humanas.*

Vale frisar a última frase: "O passado, o presente e o futuro transformam-se em criações humanas". A história passou a ser um feito do homem. Isso não quer dizer que os renascentistas fossem alheios à religião – com efeito, eram todos religiosos; significa, no entanto, que a história não é mais um mero dado dos céus que o homem recebe passivamente. Ainda que a tenha recebido dos céus, cabe ao homem fazer a sua história, produzir o seu destino, pôr-se no cerne dos seus empenhos.

O já mencionado Giordano Bruno (1548-1600) soube exprimir esse mundo que se abria aos olhos do homem. Em seu diálogo *Sobre o universo infinito e os mundos* (*Sobre el infinito universo y los mundos*), Bruno (1981, p. 104) reafirmou a sua crença na razão humana a desvendar a natureza, a despeito das reações por parte das forças medievais:

> *Segue nos fazendo conhecer o que é realmente o céu, o que são em verdade os planetas e todos os astros, como se distinguem entre si os infinitos mundos, como não é impossível senão necessário um espaço infinito, como este efeito infinito corresponde a uma causa infinita, a qual é a verdadeira substância, matéria, ato e causa eficiente do todo, de que modo toda coisa sensível e complexa está formada pelos mesmos princípios e elementos. Demonstra a doutrina do céu infinito. Despedaça as superfícies côncavas e convexas que limitam por dentro e por fora a tantos elementos e céus.*

Bruno listou uma série de atitudes a serem levadas a cabo pela razão humana na tarefa de desvendar a natureza: seguir conhecendo, desvendar as doutrinas até então estabelecidas, despedaçar as forças naturais etc. Tudo isso se deve aos princípios da economia capitalista que, como dissemos, libertava as forças criativas do homem. Não se pode pensar a filosofia antropocêntrica do Renascimento sem o brotar incipiente das relações capitalistas. São dois instantes que fazem parte de um mesmo bloco histórico. Depois de anos de estagnação socioeconômica, o homem fazia-se enfim o demiurgo do seu tempo. De novo, Heller (1983, p. 14, grifo do original) diz:

> *A riqueza como objetivo, a produção pela produção, a produção como um* PROCESSO INTERMINÁVEL *dissolvendo e transformando constantemente as coisas e, portanto, a dissolução de todas as comunidades dadas naturalmente:* TODOS OS IMPERATIVOS QUE A NOVA SITUAÇÃO APRESENTOU AOS HOMENS CONDUZIRAM AO DESENVOLVIMENTO DE NOVOS TIPOS DE HOMENS *e, consequentemente, a um novo conceito de homem, diferente tanto do antigo como do medieval:* O DO HOMEM COMO SER DINÂMICO.

As relações capitalistas implicavam a libertação das amarras das tradições medievais (e ainda não estavam desenvolvidas a ponto de se transformarem em novas amarras para o homem). Era o progresso que o homem moderno portava em si. *Dinamismo* é, sem dúvida, o termo que define o nascimento do homem da modernidade renascentista*.

E, ainda mais, Heller (1983, p. 299) abstrai maiores consequências para o nosso tema com a sua análise do Renascimento. A filósofa húngara conclui que a antropologia filosófica é uma obra dos renascentistas: "O Renascimento criou a antropologia filosófica, a ciência cujo

---

\* Recordem que Aristóteles falou em movimento porque era favorável ao movimento real da história a favor do escravismo; um processo similar acontece com os autores que se põem favoráveis ao nascente capitalismo: eles estão aptos a falar em homem dinâmico.

tema é o homem enquanto espécie". Então o assunto de nosso livro veio à luz com os renascentistas. Isso não quer dizer que antes não se havia respondido à questão sobre o que é o homem, a pergunta fundamental de que nasce toda antropologia filosófica. Contudo, o Renascimento apresentava de maneira inédita na história as condições básicas para que essa pergunta abraçasse efetivamente toda a **espécie humana**. Quando um renascentista vislumbrava a melhor resposta à questão, o objeto de sua reflexão não era uma parcela restrita da humanidade, senão a totalidade concreta do nosso gênero. Tivemos a oportunidade de ver que, na concepção de homem de Aristóteles, a mulher e o escravo sequer pertenciam à humanidade. Essa era a postura típica de um antigo perante a humanidade enquanto espécie. Um medieval, por sua vez, punha a essência humana para além do próprio homem; a sua essência não lhe era imanente, e sim uma atribuição advinda de Deus.

A circunstância histórica dos renascentistas abre outras possibilidades:

> Foi durante o Renascimento que pela primeira vez surgiu uma sociedade – antes do mais na Itália e, nesta, sobretudo em Florença – em que a atividade essencial do homem, o trabalho, pertencia em princípio e potencialmente a QUALQUER cidadão, onde a atividade socialmente consciente pôde tornar-se a atividade de todos os cidadãos. É por isso que o trabalho e a sociabilidade, e também a liberdade e a consciência (incluindo o conhecimento), eram necessariamente entendidos como características pertencentes, pela própria essência da espécie humana, a todos os seres humanos e a toda a humanidade. A humanidade pôde assim despertar para uma consciência da sua essência unitária enquanto espécie; e assim nasceu a antropologia filosófica, e Florença foi o seu primeiro berço, e o mais notável. (Heller, 1983, p. 299, grifo do original)

Ou então: "A revolução do Renascimento foi uma revolução na concepção do homem. A liberdade, a igualdade e a fraternidade **juntas** tornaram-se uma categoria antropológica, com o que a humanidade despertou pela primeira vez, **como humanidade**, para a consciência de si própria" (Heller, 1983, p. 361, grifo do original). O autoconhecimento do homem era obra do homem inteiro. O humanismo do Renascimento apresentava o homem íntegro. A sua preocupação voltava-se para o destino da espécie humana. Um renascentista típico como Leonardo da Vinci era o modelo de humanista que poderia ser visto entre os florentinos: bastante conhecido como pintor e escultor, ele foi também inventor de máquinas como atiradores de projéteis e aeroplanos, além de estudioso de assuntos relacionados à natureza, como a geração do feto dentro do ventre e os ossos do corpo humano. Por fim, não nos esqueçamos de que o artista terminou sua vida compondo peças musicais. Pintura, escultura, arquitetura, mecânica, física, biologia, química, música: os interesses do renascentista transcendiam as meras especializações que parcelam o íntegro conhecimento do gênero humano.

De um modo amplo, podemos dizer que a antropologia filosófica do Renascimento tem como primeiro elemento a relação dinâmica com a natureza. As descobertas científicas da modernidade, desde Copérnico, deram ao homem o sentimento concreto de que a natureza seria dominável e de que o homem podia se servir dela. Tudo se submeteria à razão humana.

Um filósofo renascentista como Francis Bacon (1561-1626) escreveu um Estado utópico para representar o seu ideal de homem. Nessa *Nova Atlântida* estampa-se o homem racional a deter todos os poderes sobre a natureza. Na fábula que narra a instituição do Estado racional, Bacon (1999a, p. 223) inicia precisamente com aquela que poderia ser uma das grandes navegações: "Velejamos do Peru (onde permanecemos por todo um ano) rumo à China e ao Japão, pelo mar do sul, levando conosco provisão para doze meses". Não haveria um início mais apropriado para uma antropologia filosófica daquele tempo do que uma grande navegação. Só pelas primeiras linhas, Bacon já demonstra uma ligação com o período em que vivia, isto é, a fase heroica de advento da modernidade, a era em que o homem entrava em contato com o outro homem e criava, assim, a circunstância objetiva para se pensar a si mesmo como uma espécie universal. Ademais, o mais importante é que a Nova Atlântida era governada pela chamada *Casa de Salomão*, o centro dos estudos naturais daquele Estado. O seu objetivo é descrito assim por Bacon (1999a, p. 245) "o fim da nossa instituição é o conhecimento das causas e dos segredos dos movimentos das coisas e a ampliação dos limites do império humano para a realização de todas as coisas que forem possíveis".

Integral, límpida e com palavras corretas, é a concepção do homem renascentista que se escreve aqui nas linhas de *Nova Atlântida*. Sublinhe-se o instante final desse trecho, em que Bacon fala em "ampliação dos limites do império humano para a realização de todas as coisas que forem possíveis". Era a sua intenção que se ampliasse o quanto possível os limites para a realização das forças humanas. A antropologia filosófica de Bacon é de um antropocentrismo sem peias.

Em outra obra, Bacon (1999b, p. 27) persiste em abolir os obstáculos para o conhecimento humano: "Todos aqueles que ousaram proclamar a natureza como assunto exaurido para o conhecimento, por convicção, por vezo professoral ou por ostentação, infligiram grande dano tanto à filosofia quanto às ciências". Foram equívocos os homens que pretenderam colocar limites no conhecimento da natureza por parte do homem. A tarefa de buscar a autoconsciência não poderia jamais ser impedida por qualquer fator externo ao próprio arbítrio autônomo do homem.

Entretanto, já dissemos algo que convém receber maiores explicações para que não se retirem conclusões distorcidas. Esse humanismo visceral não implica que os renascentistas, por serem antropocêntricos, eram avessos à religião. Pelo contrário, apenas no Iluminismo vamos encontrar o antropocentrismo adquirindo feições ateias*. Como lembra Cassirer (1951, p. 104), naquele tempo, o homem era levado à cena em que se representava o grande drama no mundo, porém, sem que ficasse sozinho no palco. Ainda um Deus o acompanhava. Nenhum renascentista levou às últimas consequências a concepção antropocêntrica de homem. A sua atuação filosófica apenas estipulava a autonomia do conhecimento humano diante da religião. Esta detinha o seu espaço de saber, ao passo que a filosofia, a arte, a política e a moral possuíam os seus respectivos†.

É da voz de um renascentista como Giovanni Boccaccio (1971, p. 579-580) que lemos que uma vez que porventura a sua arte apresente alguma inconveniência,

> As inconveniências, no caso de o serem, e sejam quantas forem, podem ser maléficas ou úteis, do mesmo modo que todas as demais coisas, tudo dependendo da condição de quem as escuta [...] Nenhum espírito corrompido jamais pôde compreender sadiamente qualquer palavra sã. Tanto quanto as palavras honestas não beneficiam o espírito perverso, também as palavras que não são honestas demais não podem contaminar a mente bem formada.

Do que se conclui que a arte é autônoma perante as censuras religiosas. Se as palavras são sãs ou impuras, não há nenhum critério externo à arte que o diga. Os termos impuros aos olhos da religião não são

---

\* No próximo capítulo, teremos oportunidade de abordar extensivamente esse assunto.

† Lembrem-se de que no século XVI ocorreu a Reforma Protestante, liderada por Martinho Lutero, que pregava a emancipação do homem diante dos dogmas da religião católica. A Reforma Luterana é igualmente um dos aspectos do antropocentrismo que observamos no Renascimento.

necessariamente maléficos à criação estética. O que Boccaccio pede é que a arte não seja criticada com armas religiosas, morais ou políticas; que seja criticada com armas da estética propriamente dita (mesmo quando os temas artísticos fossem carregados de religiosidade, como as peças de Giotto, por exemplo).

Vemos a mesma tendência em outro renascentista italiano, mas dessa vez ligado à filosofia política: Nicolau Maquiavel (1469-1527). *O príncipe*, a principal obra de Maquiavel, ensinou-nos que a política possui uma especificidade diante das outras esferas do comportamento do homem. A política é um fazer do homem distinto de outros fazeres (ciência, religião, moral, arte etc.). Por essa razão, Maquiavel (1999, p. 134) esteve à vontade para proferir palavras que soariam como verdadeiro insulto para um filósofo medieval:

> Não cogite nunca, governo algum, que pode tomar as decisões absolutamente corretas; pense, sim, em ter de tomá-las sempre incertas, pois assim é na ordem das coisas, que nunca se deixa, quando se busca evitar algum inconveniente, de incorrer em outro. A prudência encontra-se justamente em conhecer a natureza dos inconvenientes e adotar o menos prejudicial como sendo bom.

Político prudente é aquele que compreende a natureza dos inconvenientes e sabe lançar mão do inconveniente que lhe seja menos prejudicial num determinado momento. A adoção do menos prejudicial pode ser o bem para a política. Jamais se ouviria da voz de santo Agostinho ou de Tomás de Aquino que os governos poderiam ser impelidos a fazer o mal pela força das circunstâncias. Para a concepção cristã de homem, Deus fez o homem e o mundo graças à sua bondade eterna, e cabe ao homem estar à altura da bondade divina. Porém, Maquiavel não se deixa levar por tais argumentos. Tanto quanto a arte de Boccaccio, a política de Maquiavel é isenta de censuras religiosas; ela possui a sua própria razão autônoma. A política se preocupa com a prática política e nada mais. A religião que se preocupe com os assuntos concernentes à religião.

Não é estranho que as esferas da vida social ganhem autonomia no Renascimento e os representantes desse movimento cultural advoguem a favor dessa autonomia. A religião deixava de ser o parâmetro para a antropologia filosófica. Eram idos os tempos de santo Agostinho, Boécio e Tomás de Aquino e a religião não conferia todas as respostas aos problemas cotidianos. A modernidade havia chegado de vez. Repetimos que o homem estava no centro dos interesses e acrescentamos que era o homem científico o centro dos interesses científicos, o homem artístico o centro dos interesses artísticos, o homem político o centro dos interesses políticos etc.

## 3.3
### *A razão na concepção de homem de Descartes*

*O filósofo que* constrói a ponte entre o Renascimento e o Iluminismo é René Descartes (1596-1650). Não pertence a nenhum dos dois movimentos culturais e, entretanto, é legatário de um e germinador de outro.

A concepção racionalista de homem geralmente é devida a Descartes. O racionalismo e o pensamento cartesiano são expressões que se confundem. É um marco histórico para a antropologia filosófica a sua proposição de que "penso, logo existo". É a razão humana posta no seu devido lugar, isto é, enquanto complexo característico da existência humana. Descartes (1999, p. 57) é claro quando descreve a sua concepção de humanidade. O filósofo diz que o seu projeto é "utilizar toda a minha existência em cultivar minha razão, e progredir o máximo que pudesse no conhecimento da verdade, de acordo com o método que me determinara". Associam-se o cultivo da razão e o progresso do conhecimento da verdade. Não resulta daqui uma atitude ateia por parte do seu racionalismo; pelo contrário, a faculdade da razão, ou seja, a capacidade de discernir entre o verdadeiro e o falso é um atributo dado por Deus: "Pois, tendo Deus concedido a cada um de nós alguma luz para diferenciar o verdadeiro do falso, não julgaria dever satisfazer-me um único instante com as opiniões dos outros, se não tencionasse utilizar o meu próprio juízo em analisá-las, quando fosse tempo" (Descartes, 1999, p. 57).

Uma das máximas do pensamento cartesiano era a de "nunca aceitar algo como verdadeiro que eu não conhecesse claramente como tal; ou seja, evitar cuidadosamente a pressa e a prevenção, e de nada fazer constar de meus juízos que não se apresentasse tão clara e distintamente a meu espírito que eu não tivesse motivo algum de duvidar dele" (Descartes, 1999, p. 49).

A eterna suspeita sobre a natureza das coisas requer um método. Em *Regras para a direção do espírito*, o filósofo francês manifesta a necessidade de um método que oriente as indagações da razão humana: "O método é necessário para a procura da verdade" (Descartes, 1989, p. 7). Essa é a quarta das 21 regras. Sem um raciocínio suportado por uma metodologia consistente, não se chega à verdade racional das coisas. E a quinta regra é a exposição dos traços mais gerais desse método:

> *Todo o método consiste na ordem e na disposição dos objetos para os quais é necessário dirigir a mente humana, a fim de descobrirmos alguma verdade. E observá-lo-emos fielmente, se reduzimos gradualmente as proposições complicadas e obscuras a proposições mais simples e se, em seguida, a partir da intuição da mais simples de todas, tentarmos elevar-nos pelos mesmos degraus ao conhecimento de todas as outras.* (Descartes, 1989, p. 10)

O método cartesiano é a busca pelo mais simples, decompondo o mais complexo, num movimento que nos leva ao conhecimento de todas as coisas que participam do processo analisado.

É o homem socrático, investigador por natureza, que fala pela voz do filósofo francês. Sem dúvida, é um outro tempo histórico; contudo, formalmente, a racionalidade do homem de Sócrates responde às indagações do homem moderno. A dúvida é o alimento que nutre a razão humana; é a fonte de todo conhecimento do homem acerca de si mesmo e da natureza que o rodeia. Investigar-se continuamente é o mandamento número um da antropologia filosófica de Descartes.

Heidegger (2007, p. 52) examinou dessa maneira a perpétua investigação a que o pensamento cartesiano submete a sua concepção de homem: "Ao levar os homens a duvidar, Descartes os conduz a si mesmos, cada um a seu eu, como a realidade que, em última instância, é indubitável e, com isso, torna-se o fundamento e a cidadela de todo questionamento e de toda questão". É verdade que Heidegger discorda dessa impostação apresentada por Descartes, muito embora a sua exposição tenha sido fiel às ideias do filósofo francês. Descartes impunha-se à contínua dúvida porque, por meio dela, chegaria-se à autenticidade do conhecimento. A dúvida conduz os homens à verdade sobre si mesmos.

E isso é válido para todos os homens. Descartes não é um aristocrata no que concerne à teoria do conhecimento. A razão está a serviço de todos, indiscriminadamente. Não há um grupo de eleitos aos quais se destine o conhecimento. Esse é um elemento antropológico do Renascimento que persiste no racionalismo de Descartes e que aparecerá ainda outra vez no Iluminismo. Leiamos o primeiro parágrafo do *Discurso do método*:

> *Inexiste no mundo coisa mais bem distribuída que o bom senso, visto que cada indivíduo acredita ser tão bem provido dele que mesmo os mais difíceis de satisfazer em qualquer outro aspecto não costumam desejar possuí-lo mais do que já possuem. E é improvável que todos se enganem a esse respeito; mas isso é antes uma prova de que o poder de julgar de forma correta e discernir entre o verdadeiro e o falso, que é justamente o que é denominado bom senso ou razão, é igual em todos os homens; e, assim*

*sendo, de que a diversidade de nossas opiniões não se origina do fato de serem alguns mais racionais que outros, mas apenas de dirigirmos nossos pensamentos por caminhos diferentes e não considerarmos as mesmas coisas.* (Descartes, 1999, p. 35)

É um belo tratado contra o aristocratismo da filosofia. Não há um homem mais racional do que o outro. A faculdade da razão é igual para todos, sem exceção.

Uma leitura acurada da passagem do *Discurso do método* transcrita acima demonstra que Descartes põe em discussão uma outra categoria: **a liberdade de escolha**. É uma categoria conexa à racionalidade humana. Tendo em vista que são racionais, os homens põem-se a escolher entre as alternativas postas na realidade concreta. Possuímos o livre-arbítrio; como diz Descartes, podemos dirigir nossos pensamentos e ações por "caminhos diferentes".

Esse é um ponto de contato entre o ideário cartesiano e os renascentistas de primeiro time. Vimos que Boccaccio e Maquiavel são exemplos de pensadores que abrem espaço para a livre opção do homem diante de escolhas, diante do conveniente e do prejudicial, por exemplo. O tema do livre-arbítrio não fora esquecido pelos filósofos cristãos; santo Agostinho teorizou a propósito do tema, todavia, com uma conotação bem distinta. Agostinho considerava que o homem detinha a liberdade de escolha apenas no plano ético, isto é, a opção entre o bem e o mal. Sob a sua ótica, assim como um cavalo extraviado é melhor que uma pedra imóvel, uma vez que a pedra não possui seu próprio movimento ou percepção, também a criatura que peca por sua própria e livre vontade é preferível à criatura que não peca porque não tem livre-arbítrio (Matthews, 2007, p. 169). Era uma maneira com a que Agostinho buscava libertar Deus do peso dos males mundanos (Heller, 1983, p. 344). Se o homem fez o mal, é porque ele tem livre-arbítrio; em contrapartida, se fez o bem, é porque foi guiado pela intervenção divina.

Os renascentistas, pelo contrário, estenderam o livre-arbítrio para todas as esferas da vida social (não apenas a moral religiosa). Ademais, a opção cristã entre o bem e o mal foi ampliada para todo e qualquer tipo de escolhas. O homem era responsável tanto pelo bem quanto pelo mal que resultavam de suas ações. A responsabilidade de seus atos cabe somente ao homem, sejam eles de natureza altruísta ou egoísta.

Descartes corre em paralelo à antropologia renascentista quando trata da liberdade de escolha dos homens. Para ele, a razão é inerente ao gênero humano e a própria razão é a capacidade que confere ao homem o livre-arbítrio de escolha. Sendo racional, o homem é hábil em discernir o que lhe aparenta ser verdadeiro para a gerência de sua vida. Essa é uma concessão que nos é feita pela racionalidade da conduta humana em si mesma.

## *Síntese*

*Aportamos na modernidade,* nos primórdios da sociedade capitalista e no seu primeiríssimo movimento cultural: o Renascimento. A concepção renascentista de homem nasce com a sociedade moderna. É fruto das transformações sociais daquela época. O homem punha a história em movimento, um fato que se reflete no antropocentrismo da filosofia dos renascentistas, como Giordano Bruno e Francis Bacon. O homem está agora no centro das atenções. E continua assim com o pensamento racionalista de Descartes. O pensamento cartesiano é igualmente antropocêntrico. A dúvida eterna acerca das coisas é o norte da concepção de homem em Descartes.

## *Indicações culturais*

CERVANTES, Miguel de. *Dom Quixote de La Mancha*. Rio de Janeiro: Nova Aguilar, 2004. (Coleção Biblioteca Luso-Brasileira).

_____. *Novelas exemplares*. 2. ed. São Paulo: Abril Cultural, 1971. (Coleção Os imortais da literatura universal).

As obras de arte que se recomendam para a compreensão deste capítulo começam com Shakespeare e Cervantes. O mesmo antropocentrismo que se encontra na filosofia da Renascença está nesses dois grandes autores. Que se leia, por exemplo, a obra mais famosa de Cervantes, *Dom Quixote*. Nesse romance, o personagem-título é o herói que perfaz a sua própria história, livre das amarras dos deuses antigos e medievais. Dom Quixote parte em busca de aventuras aleatoriamente, apenas em companhia de seu escudeiro. Pode-se ler também as *Novelas exemplares* de Cervantes em que se tem esse antropocentrismo estampado com vivas cores.

SHAKESPEARE, William. *Romeu e Julieta*. São Paulo: Martin Claret, 2002. (Coleção A obra-prima de cada autor).

Igualmente em Shakespeare o homem está em luta contra as tradições feudais. Entre outras, *Romeu e Julieta* é uma peça conhecida do dramaturgo inglês. Ela fala da luta de dois amantes que desejam se unir, a despeito dos impedimentos impostos pelas famílias rivais. Em *Romeu e Julieta*, Shakespeare reflete o nascimento da sociedade moderna e da ética liberal e antropocêntrica que a caracteriza.

BRECHT, Bertolt. *A vida de Galileu*. São Paulo: Abril Cultural, 1977. (Coleção Teatro Vivo).

GIORDANO Bruno. Direção: Giuliano Montaldo. Produção: Carlo Ponti. Itália/França: Versátil Home Vídeo, 1973. 114 min.

De época recente, sugerimos o drama *A vida de Galileu*, de Bertolt Brecht, e o filme *Giordano Bruno*, de Giuliano Montaldo. Como demonstram os títulos, ambos narram os acontecimentos que marcaram a trajetória desses dois personagens que tiveram imensa participação na concepção de uma nova interpretação do homem.

## *Atividades de Autoavaliação*

1. Assinale (V) para as alternativas verdadeiras e (F) para as falsas:
   ( ) O nascimento do capitalismo demarcou o término da Idade Média.
   ( ) A burguesia é a classe moderna que instituiu as relações capitalistas.
   ( ) A aristocracia feudal continuou no poder durante a modernidade.

( ) Os avanços das ciências naturais indicam para o homem moderno a dominação sobre a natureza.

2. Qual das afirmações a seguir não condiz com a noção antropocêntrica de mundo dos renascentistas?
   a) O homem põe-se no centro de seus próprios interesses.
   b) A natureza parece estar sob o domínio do homem.
   c) O homem parece estar sob o domínio da natureza.
   d) Os avanços tecnológicos são um indício de que o homem está investigando a realidade social e natural.

3. Sobre a concepção de homem renascentista, é correto afirmar:
   a) É nesta época em que nasce a antropologia filosófica.
   b) A arte e a filosofia não são autônomas da religião.
   c) A razão submete-se à fé religiosa.
   d) O homem não possui o livre-arbítrio.

4. Assinale (V) para as alternativas verdadeiras e (F) para as falsas:
   ( ) O homem em Descartes não está no centro dos interesses.
   ( ) O homem cartesiano é irracional.
   ( ) A razão não está a serviço de todos sem distinção, segundo Descartes.
   ( ) Não há liberdade de escolhas para o homem cartesiano.

5. Qual das afirmações a seguir diz respeito ao racionalismo dos renascentistas e do cartesianismo?
   a) Há de se investigar a natureza para dominá-la.
   b) A ciência e a fé estão perfeitamente intricadas.
   c) As ações do homem estão determinadas por Deus.
   d) Nem a arte e sequer a política possuem sua própria esfera de leis.

## Atividades de Aprendizagem

### Questões para Reflexão

1. Agnes Heller diz que a antropologia filosófica nasce com a Renascença. Explique.

2. Qual era o ideal de sociedade contida na filosofia de Francis Bacon?

3. Qual é o significado filosófico da autonomia da arte vista em Boccaccio e da política vista em Maquiavel?

4. Descartes atribui a racionalidade a todos os homens. Transcreva do texto as passagens que confirmam esta ideia.

5. Segundo Descartes, o que é o livre-arbítrio?

### Atividade Aplicada: Prática

1. Atualmente há muitas inovações científicas de grande magnitude, como, por exemplo, a decifração do genoma, as práticas de clonagem animal, o envio de sondas espaciais para Marte etc. Exponha a sua opinião, em um curto texto, sobre essas pesquisas e observe como elas de alguma maneira influenciam a vida social do homem contemporâneo.

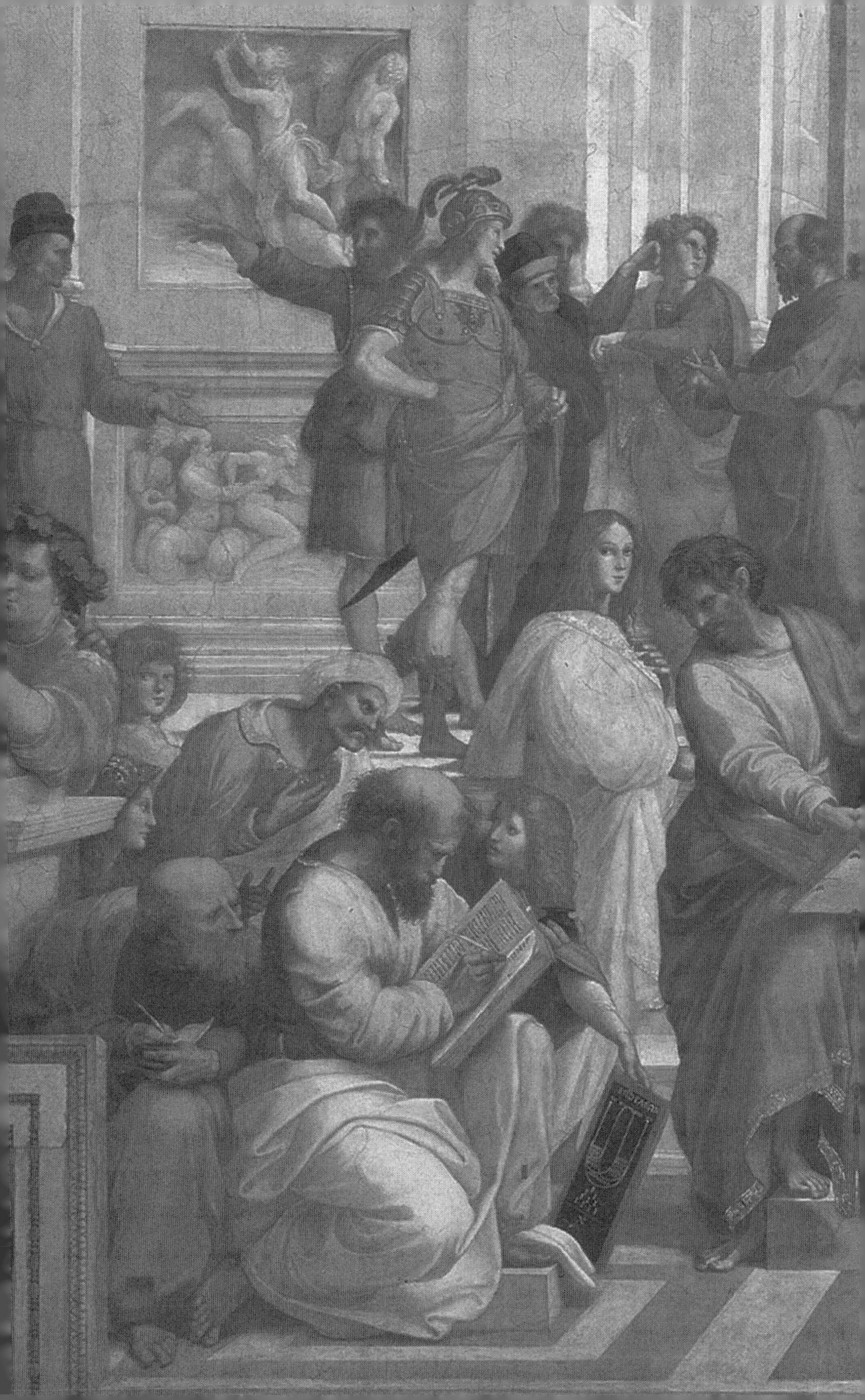

# 4

*A última batalha da razão moderna contra o obscurantismo medieval. O Iluminismo. O idealismo alemão*

Aqui serão os objetos de nossa análise o Iluminismo e a concepção iluminista de homem. É o momento histórico em que a modernidade está em pleno vigor e já não há hipótese de retorno à Idade Média. Se o Renascimento ainda estava lutando contra um adversário cujos poderes se sobressaiam, o Iluminismo já encontra este adversário cambaleante, sem forças. O movimento iluminista é fim do trajeto começado pelo Renascimento e trilhado pelo racionalismo cartesiano. O Iluminismo significava a instauração cabal do reino das luzes no lugar que antes era ocupado pelas trevas medievais. Como disse o filósofo francês Diderot (1713-1784), a razão é a luz da vela que chega a um quarto tomado pela escuridão e, aos poucos, ilumina canto por canto do cômodo.

## 4.1
*Pressupostos históricos*

*A sociedade capitalista* invadiu as relações societárias. O seu desenvolvimento era vertiginoso. Gradualmente, em todos os países da Europa, as relações do antigo regime cederam espaço para o regime moderno. Durante o Renascimento, os modernos estavam restritos às localidades em que o capitalismo havia se desenvolvido solidamente; agora, no entanto, apareceram iluministas em quase toda a Europa central e ocidental.

As grandes revoluções vieram à tona. Era a transição entre a Revolução Gloriosa na Inglaterra (1668) e a Revolução Francesa (1789); ocorreram as guerras napoleônicas e as guerras de libertação nas colônias das Américas. O mundo estava em transformação. Não é apenas na batalha econômica e na política que a razão moderna vence os adversários. Na batalha das ideias filosóficas, a modernidade igualmente avançava. Invariavelmente, os filósofos iluministas tomaram parte a favor do progresso burguês contra a estagnação aristocrática. Disso se abstrai que a concepção moderna de homem começou a adquirir larga vantagem sobre a concepção feudal de humanidade.

Maquiavel assistiu ao germinar da sociedade moderna, Descartes presenciou o seu desenvolvimento posterior e, nesse momento, Hume observou a consolidação da vitória irrefutável da modernidade em face do feudalismo.

## 4.2
*O projeto iluminista de homem*

*Não se pode* dizer que David Hume (1711-1776) era um membro da Renascença. O filósofo escocês não é um renascentista de firma autenticada, mas era um dos seus fiéis herdeiros. Os filósofos renascentistas ficariam orgulhosos de ver o crescimento de um fruto saudável como Hume a partir de suas sementes. O humanismo da antropologia filosófica da Renascença persiste nas obras de Hume. Ele também era um brilhante antropocêntrico que não permitia que as grandes conquistas dos seus antecessores caíssem por terra. Em David Hume, nota-se que as batalhas dos renascentistas a favor da razão humana não foram em vão.

Hume era, sem dúvida, um iluminista. A sua filosofia não enfrentou a primeira batalha da razão moderna contra o obscurantismo medieval, e sim a derradeira.

Hume desejava que a razão fosse acessível a todos os homens. Que as luzes trouxessem a razão para os cômodos de todas as casas. O monopólio cultural da aristocracia feudal era um dos alvos de sua filosofia. A antropologia filosófica de sua concepção designava que todos os homens eram racionais e, por isso, estavam aptos a ascender à filosofia. O projeto que acalentava era redigir a filosofia que "penetra mais na vida cotidiana, molda o coração e os afetos, e ao atingir os princípios que impulsionam os homens, reforma-lhes a conduta e aproxima-os mais do modelo de perfeição que ela [a filosofia] descreve" (Hume, 1999, p. 26). É dever da ciência filosófica penetrar na vida diária dos homens para emancipá-los, transformá-los e reformar-lhes a conduta. Apenas se afirma tal tarefa filosófica caso se pressuponha que os homens sejam passíveis de receber e capturar as verdades da razão. Para Hume (1999, p. 27), isso não era problema porque, segundo ele, "o homem é um ser racional e, como tal, recebe da ciência sua adequada nutrição e alimento".

Efetivamente, o racionalismo de Hume pretendia a ingerência na vida social. Não era uma concepção aristocrática de homem que procurava limpar-se da ação prática. A teoria não se isola da prática. A filosofia e a política não são duas modalidades de comportamento excludentes. Hume escrevia para que os homens lessem e se transformassem. A leitura das obras filosóficas não era mera diversão ou simples passatempo. A filosofia apresentava um modelo de conduta social a ser seguido, respaldado antes de tudo na razão humana.

A razão nos livraria das superstições, assim entendia Hume. A nossa conduta seria purificada das crenças populares com a incorporação dos conceitos filosóficos à nossa vida cotidiana. De acordo com o filósofo escocês , "o raciocínio exato e justo é o único remédio universal adequado a todas as pessoas e aptidões, o único capaz de destruir a filosofia abstrusa e o jargão metafísico que, mesclados com a superstição popular, se tornam, por assim dizer, impenetráveis aos pensadores descuidados e se afiguram com ciência e sabedoria" (Hume, 1999, p. 31).

É a típica linguagem iluminista: a filosofia é o remédio contra os males do obscurantismo medieval. Mas percebam que o humanismo herdeiro do Renascimento está presente nessas palavras. Hume não exclui ninguém das portas que levam à razão. Elas estão abertas a todos. É o remédio universal adequado a todas as pessoas e aptidões, sem exceções.

Aristóteles é um pensador que também comparece às páginas e às ideias racionalistas de Hume. Dificilmente se deixa de encontrar a influência do grego em qualquer filósofo posterior a Aristóteles que se disse racionalista. É uma constante na história da antropologia filosófica, e com Hume não foi diferente. Isso fica evidente no instante em que o filósofo escocês elege as sensações como ponto de partida do autoconhecimento humano: "O pensamento mais vivo é sempre inferior à sensação mais embaçada" (Hume, 1999, p. 35). Quer dizer que a sensação nos dá a experiência que o pensamento apenas pode refletir posteriormente. A reflexão posterior não é capaz de nos conceder a mesma percepção que podemos ter com as sensações. Isto é, "um homem à mercê de um ataque de cólera é estimulado de maneira muito diferente da de um outro que apenas pensa nessa emoção"

(Hume, 1999, p. 35).

Porém, similar a Aristóteles, Hume não se deixa seduzir apenas pelas sensações. O homem deve ir além das sensações. É necessário abstrair e superar o sensitivo, ainda que este seja o princípio do conhecimento racional. A razão deriva da matéria sensível, mas a supera nos termos que Hume (1999, p. 36-37) assim descreve: "Em resumo, todos os materiais do pensamento derivam de nossas sensações externas ou internas; mas a mistura e composição deles dependem do espírito e da vontade". Hume procura demarcar a importância da empiria para o autoconhecimento do homem, muito embora saiba que por si só a empiria imediata não nos possibilita toda a ciência necessária à consciência genérica do homem.

É com esse racionalismo resoluto que Hume consegue explicar a noção de Deus, de uma maneira impossível de ser vista em Tomás de Aquino, por exemplo. Para Hume (1999, p. 37), "a ideia de Deus, significando o Ser infinitamente inteligente, sábio e bom, nasce da reflexão sobre as operações de nosso próprio espírito, quando aumentamos indefinidamente as qualidades de bondade e de sabedoria". A ideia de um Deus é resultado da nossa reflexão sobre a nossa própria bondade e sabedoria, com a sua posterior projeção em um Ser que portaria indefinidamente essas qualidades humanas. Deus nasce como reflexo do homem acerca de si mesmo.

Observem a diferença entre um iluminista e um renascentista; observem a diferença entre um filósofo que luta a última batalha contra o obscurantismo medieval e aquele que lutou a primeira delas. Não se ouviria da voz de Bacon, Maquiavel, Leonardo da Vinci ou Boccaccio que Deus é apenas uma projeção em um Ser transcendental das características peculiares ao homem. A batalha contra as trevas medievais é feita com armas bem mais radicais no Iluminismo, dada a sua circunstância histórica. O fato de Hume ter sido um racionalista ateu não implica que todos tenham seguido o mesmo caminho. O exemplo de Hume apenas clarifica as diferenças entre o antropocentrismo dos renascentistas (incluindo Descartes) e o dos iluministas em geral: tendo em vista sua situação concreta, o antropocentrismo dos iluministas poderia culminar no ateísmo (mesmo que fosse uma possibilidade que muitas vezes não se cumpria).

Hume não creditava valor algum às filosofias, quando a religião invadia seus argumentos. Ao falar de milagres que são descritos por navegantes, nos rituais exóticos que encontram em terras distantes, Hume (1999, p. 116) permanece impassível em sua racionalidade:

> Com que avidez se recebem os relatos miraculosos dos viajantes, suas descrições de monstros marinhos e terrestres, suas narrações de aventuras maravilhosos, de homens e costumes estranhos? Entretanto, se o espírito religioso se liga ao amor do maravilhoso, acaba-se todo o bom senso, e o testemunho humano, nestas circunstâncias, perde todas as suas pretensões de autoridade.

Quando a religião invade as percepções empíricas, os argumentos perdem a autoridade. A prova religiosa não convence Hume; é preciso a comprovação empírica da experiência. De fato, ele (1999, p. 117) procura ser persuasivo na sua crítica à religião:

> Os numerosos exemplos de milagres forjados, de profecias e de eventos sobrenaturais que, em todas as épocas, têm sido revelados por testemunhas que se opõem ou que se retratam a si mesmos por seu absurdo, são provas suficientes da forte tendência humana para o extraordinário e o maravilhoso e deveriam razoavelmente engendrar suspeitas contra todos os relatos deste gênero.

Hume nos apresenta a concepção de homem do Iluminismo: racional, antropocêntrico, crítico e prático.

Em seus estudos sobre a religião, Paul Henry Thiry, conhecido como *Barão de Holbach* (1723-1789), por exemplo, chegou a constatações similares às de Hume. Na *História natural da superstição* (*La contagion sacrée ou Histoire naturelle de la superstition*), o historiador francês afirmou que a religião demanda em primeiro lugar o sacrifício da razão (Holbach, 2006, p. 52). A partir do momento em que deixam de tomar a razão como a guia de seus conhecimentos sobre a natureza das coisas, os homens tornam-se entes passivos das superstições. Se Deus criou a natureza, é ele quem deve comandá-la, o que implica que a direção sobre os eventos sai das mãos dos homens. O problema é que precisamente naquele instante o homem estava tomando em seu pulso o destino da história; Holbach assistia à Revolução Francesa e não poderia aceitar que aquela grande obra libertadora não fosse fruto das ações humanas, e sim um simples desígnio de um Deus transcendental.

Holbach (2006, p. 61) preocupava-se com a submissão da moral à religião porque, sendo o criador de todas as coisas, seria Deus o responsável pela distinção entre o certo e o errado. Diz o iluminista francês que, sob a vontade divina, o crime pode se tornar virtude e vice-versa.

Esse mesmo autor menciona uma série de consequências que resultam da conduta moral estipulada pelas religiões: renunciar à razão, cegar-se voluntariamente, fechar os seus olhos à verdade, ocupar-se unicamente de quimeras sem sequer perceber, combater com zelo e destruir com furor os que se recusam a se iludir, sacrificar nossos bens aos caprichos dos padres, renunciar aos bens que se creem que não partem da divindade, mortificar os seus sentidos, rendendo-se a uma vida insuportável, defender com vigor os preconceitos que não foram submetidos ao exame da razão etc.

Cabia ao homem, portanto, desvincular-se dos "caprichos da religião" e decidir ele mesmo quais de suas ações eram morais e quais eram imorais. E, ao fazê-lo, o homem não deveria se sentir culpado perante nenhum Deus.

Jean-Antoine-Nicolas de Caritat, Marquês de Condorcet (1743-1794), foi um iluminista francês que alimentou ideias consoantes com as de seus contemporâneos (como Hume e Holbach). O filósofo estava em pleno fragor da Revolução Francesa e tomava partido a seu favor. Assim como a de seu contemporâneo Hume, a concepção de homem em Condorcet é racional, antropocêntrica, crítica e prática.

O tom revolucionário do pensamento de Condorcet patenteia-se com uma análise de sua obra *Esboço de um quadro histórico dos progressos do espírito humano* (*Esquisse d'un tableau historique des progrès de l'esprit humain*). Por exemplo, logo depois de dizer que, no que concerne ao passado histórico, a filosofia não faz nada além de agrupá-lo em "quadras de seu progresso", Condorcet (1988, p. 86) acresce que resta ainda um quadro a ser feito: "Aquele de nossas esperanças, dos progressos que estão reservados às gerações futuras e que a constância das leis da natureza parece lhes assegurar". Vê-se a recorrência à ideia da lei natural a reger a evolução humana; porém, Condorcet (1988, p. 87) não se abstém de crer na racionalidade da vida social, na razão iluminista – não é de se estranhar, aliás, que o filósofo se propusesse a expor "os erros gerais que mais ou menos retardaram ou suspenderam a marcha da razão".

O *Esboço de um quadro histórico dos progressos do espírito humano* é constituído de nove estágios que descreveriam a história da humanidade até o tempo de Condorcet; fecha-se o texto com um décimo e último quadro que diz respeito às "gerações futuras" – como está dito no parágrafo anterior –, sendo este um resultado da superação do estado de coisas da nona etapa (que perfaz a história de Descartes até a instauração da república francesa).

Um tema recorrente nas obras dos iluministas aparece também em Condorcet: o ensino público. Esse autor não pretendia guardar para si as "verdades" da razão; as luzes deveriam ser generalizadas para todos os segmentos sociais. Em 1791, publicou as *Cinco memórias sobre a instrução pública* (*Cinq mémoires sur l'instruction publique*). No primeiro e principal capítulo, Condorcet intervém no debate a favor da igualdade de educação para todas as classes. O desequilíbrio entre as camadas sociais no que diz respeito à cultura é considerado por ele "uma das maiores fontes da tirania". Diz o filósofo (Condorcet, 1994, p. 15) que a instrução pública igualitária fará com que os talentos e as luzes sejam patrimônio comum de todos os homens. O monopólio do conhecimento é nocivo ao bem público: "As luzes não podem ser concentradas nem em uma casta hereditária, nem em uma corporação exclusiva. Não se devem existir mais as doutrinas secretas ou sagradas que põem um intervalo imenso entre duas porções de um mesmo povo" (Condorcet, 1994, p. 16).

Apenas a generalização do conhecimento poderá corrigir o fato de que "um número extremamente pequeno de indivíduos recebe em sua infância uma instrução que lhes permite desenvolver todas as faculdades naturais" (Condorcet, 1994, p. 21). Com a instrução fundada nas "verdades eternas das luzes", todas as crianças estarão imunizadas contra o erro e o preconceito (Condorcet, 1994, p. 73). Sendo acessível a todos, a razão deveria estar à disposição do homem desde a mais tenra educação.

Que se pense em um conterrâneo e contemporâneo de Condorcet, o também iluminista Denis Diderot (que já compareceu a estas linhas em breve menção no início do capítulo), que sustentava que os gênios, os talentos são mais fáceis de serem encontrados nas cabanas do que nos palácios.

Condorcet (1994, p. 89) propõe uma intervenção prática no debate público sobre a direção do conhecimento. Entre as cátedras destinadas à educação das crianças, consta a "aritmética política". É a preocupação característica dos iluministas com a formação de dirigentes para a administração do bem público. Assim como a concepção aristotélica de homem, o Iluminismo pretende homens que atuem publicamente, que possuam os valores do cidadão político. Eis em termos gerais a contribuição de Condorcet (1994, p. 32) para a edificação da nova sociedade:

> Uma constituição verdadeiramente livre, em que todas as classes da sociedade desfrutam os mesmos direitos, não pode subsistir se a ignorância de uma parte dos cidadãos não lhes permite conhecer a natureza e os seus limites, se os obriga a pronunciar-se sobre o que eles não sabem, a escolher quando não podem julgar; uma tal constituição se destruirá ela mesma depois de algumas tormentas e se degenerará em uma dessas formas de governo que não conseguem conservar a paz em meio ao povo ignorante e corrompido.

Era o empenho de Condorcet a generalização da razão moderna, das luzes, do conhecimento. O "único soberano dos povos livres", isto é, a "verdade" faria com que os homens espalhassem por todo o mundo a sua "bondade e irresistível força". "Assim, essa revolução não é a de um governo, senão a das opiniões e das vontades; não é o trono de um déspota que ela subverte, mas do erro e da servidão voluntários" (Condorcet, 1994, p. 194).

Entre os projetos iluministas, ressalta-se a criação de uma **nova pedagogia**. Para um novo homem, cabe uma nova modalidade de instrução. Jean-Jacques Rousseau (1712-1778) foi o autor de uma vigorosa doutrina pedagógica, que concerne à formação do homem moderno, ao homem das luzes. A pedagogia de Rousseau procura respeitar a criança em seus anseios e capacidades, sem que se imponha a ela aquilo que um homem em nascimento ainda não está em condições de conhecer. Não se pode procurar o homem na criança, e sim educar a criança de acordo com o que a sua mentalidade está apta a capturar.

Em especial, a pedagogia do novo homem escrita por Rousseau engloba: 1) o direito à felicidade, 2) o direito à ignorância das coisas inadequadas à infância, 3) a rejeição do método catequético, 4) a exclusão dos estudos especulativos, 5) a necessidade de não ensinar muitas coisas, 6) a evocação da natureza e 7) o adiamento dos estudos de história, de filosofia, de moral.

Percebam alguns detalhes que põem em manifesto a concepção iluminista de homem: a) Rousseau exclui a possibilidade de se instruir o homem com o método catequético, religioso; a religião não poderia interferir na formação racional dos cidadãos; b) também se evoca a natureza para que, desde sempre, o homem se forme portando o domínio de suas sensações e o domínio da natureza; trata-se aqui de um processo de enaltecimento do poder humano sobre as coisas naturais que vem dos renascentistas, passa pelo racionalismo cartesiano e culmina nos iluministas; c) por fim, Rousseau pretende que a pedagogia se esforce para adiar os conhecimentos especulativos, que dizem respeito às indagações sobre o destino da espécie humana, sobre os valores morais etc.; isso provém do fato de que Rousseau estava convencido de que a criança não poderia ser instruída sobre aquilo que não poderia assimilar em sua plenitude. Os saberes que concernem à autoconsciência do gênero humano ficam para depois, especialmente entre os 15 e os 25 anos, etapa que Rousseau considera ser a apropriada para a instrução da consciência cidadã.

## 4.3
*O idealismo alemão*

*Na Alemanha, a* concepção iluminista de homem foi brindada com grandes filósofos. O auge do Iluminismo alemão é o movimento filosófico comumente chamado de *idealismo alemão*. De Kant a Hegel, toda uma geração de autores colocou em debate os problemas do homem moderno, da razão moderna, conseguindo um altíssimo nível de abstração.

Immanuel Kant (1724-1804) foi o desbravador do iluminismo alemão. O homem racional está presente em seus escritos com as devidas apologias que deveriam provir da letra de um iluminista. O seu racionalismo compreende que a razão é a eterna construtora das coisas: "A razão humana sente tanto prazer em construir que já, por diversas vezes, edificou e, em seguida demoliu, a torre para examinar o seu fundamento" (Kant, 1988, p. 12).

Não é demais completar que, de acordo com Kant (1999, p. 12-13), a razão não seleciona um agrupamento de indivíduos para se fazer valer. Ela está a serviço da humanidade que há em qualquer dos homens: "Nunca é demasiado tarde para se tornar racional e sábio".

Assim como todos os iluministas, o filósofo lutou a favor da modernidade revolucionária contra o antigo regime feudal. A sua antropologia filosófica decorre dessa situação histórica. Kant (1999, p. 132) concebe o homem como o sujeito que leva a história para frente, isto é, como o sujeito que transforma a realidade: "O movimento, enquanto ação do sujeito (não enquanto determinação de um objeto), consequentemente a síntese do múltiplo no espaço [...], produz pela primeira vez o conceito de sucessão". A sucessão histórica está a cargo do sujeito; é ele quem introduz o suceder dos eventos na história. É o sujeito racional da modernidade burguesa que recebe a defesa de Kant.

A advocacia favorável ao sujeito revolucionário é patente em outra passagem de sua *Crítica da razão pura*: "Nem as leis existem nos fenômenos, mas só relativamente no sujeito ao qual os fenômenos inerem na medida em que possui entendimento, nem os fenômenos existem em si, mas só relativamente aquele mesmo ente na medida em que possui sentidos" (Kant, 1999, p. 136). As leis não existem nos fenômenos; o ente que lhes imputa uma legalidade é o sujeito.

Nos *Prolegômenos a toda metafísica futura*, Kant retorna a essa ideia e nega que haja leis imanentes às coisas reais sem que o indivíduo as represente. É de sua opinião que

*Se a nossa intuição fosse de natureza a representar coisas como elas são em si, não teria lugar nenhuma intuição a priori, mas seria sempre empírica. Pois, só posso saber o que está contido no objeto em si se ele me estiver presente e me for dado. Sem dúvida, é então incompreensível como a intuição de uma coisa presente me deveria dar a conhecer tal como ela é em si, visto que as suas propriedades não podem entrar na minha faculdade representativa.* (Kant, 1988, p. 49-50)

Tudo isso se resume ao seguinte: as coisas não possuem propriedades que não sejam imputadas pelo sujeito; em si mesma, a coisa não é patente ao conhecimento humano se não estiver diante do sujeito da razão que lhe atribua as suas representações.

Todavia, não se enganem: Kant jamais recusou a presença real dos objetos concretos; apenas deseja resguardar para o sujeito a tarefa de conferir à realidade um conjunto de leis.

Quanto a isso, Kant é esclarecedor em um certo momento de sua obra. Foi assim que o filósofo escreveu quando quis desfazer o mal-entendido que associava os idealistas à negação absoluta da existência real dos fenômenos:

*Com efeito, o que eu chamei de "idealismo" não diz respeito à existência das coisas (a dúvida acerca da mesma é típica do idealismo no sentido tradicional), já que nunca me ocorreu duvidar dela, mas apenas à representação sensível das coisas, a que pertencem, acima de tudo, o espaço e o tempo; acerca destes e, por conseguinte, a propósito de todos os fenômenos, mostrei simplesmente: que eles não são coisas (mas simples modos de representação), nem também determinações inerentes às coisas mesmas.* (Kant, 1988, p. 64)

Kant nunca pôs em dúvida a existência real das coisas externas ao homem; o que recebe a sua recusa é que as coisas externas ao homem possuem uma dinâmica autônoma dos sujeitos. Conforme o seu próprio exemplo, o espaço e o tempo não são coisas em si mesmas, senão simples modos de representação.

Vemos que Kant elabora aqui uma espécie de idealismo subjetivo. As ideias dizem respeito aos sujeitos, aos homens individualmente. Cabe à subjetividade agir, conferindo, assim, o movimento à história. A história não possui em si mesma uma sucessão dinâmica. É o homem que atribui a ela esta sucessão.

Sendo um típico iluminista, Kant parte desse idealismo subjetivo para conceber uma noção de livre-arbítrio. Segundo o filósofo (Kant, 1999, p. 480), o indivíduo possuiria o livre-arbítrio para buscar a prosperidade: "Faze aquilo através do que te tornarás digno de ser feliz". Existe em cada um de nós a liberdade pessoal para buscar a nossa própria prosperidade.

Contudo, o humanismo burguês de Kant conecta essa busca pessoal pela prosperidade a um "ideal do bem supremo". O livre-arbítrio é movido e restrito por uma moral genérica que o faz agir para o bem do próximo: "Conduzidos por tais princípios [da moralidade universal], os próprios entes racionais seriam os autores de seu próprio bem-estar duradouro ao mesmo tempo em que seriam os autores do bem-estar do próximo" (Kant, 1999, p. 480-481). Não foram poucas vezes em que Kant falou nos interesses da razão universal. Mesmo que sejamos livres para buscar a nossa própria prosperidade, essa busca pessoal resultará inevitavelmente no bem-estar do próximo. Somos entes racionais e, por isso, há em nossa razão um sentido universal, uma moralidade que nos une enquanto gênero. O bem de cada um é o bem do próximo; não há na concepção kantiana de homem um espaço para o egoísmo; o homem é racionalmente altruísta.

Johann Fichte (1762-1814) foi um continuador das ideias pertinentes ao iluminismo alemão. Com a Revolução Francesa em pleno vigor, Fichte punha-se a discutir as questões que emergiam da realidade histórico-social. Por exemplo, o conceito de liberdade. É uma constante entre os iluministas a discussão da liberdade. Uma vez que a modernidade burguesa estava liberando as forças humanas das amarras feudais, cabia teorizar sobre o assunto. Para Fichte (1973, p. 167), "liberdade significa: não há natureza acima da vontade, esta é sua única criadora possível". A vontade racional é livre criadora, ausente de qualquer condicionante. A natureza é apenas o receptor passível das ações humanas, da vontade do sujeito: "A vontade – princípio absolutamente **criador**, que engendra puramente **a partir de si mesmo** um mundo particular e uma esfera própria do ser. A natureza – mera matéria passiva, sem nenhum **impulso**" (Fichte, 1973, p. 168, grifo do original). As causalidades naturais são um cenário inerte; são meros receptáculos da nova vida; não se movem a não ser com o impulso instituidor da razão: "sua conformidade [da natureza] à lei, seu impulso ao desenvolvimento são mortos para carregar a nova vida e o espírito da liberdade" (Fichte, 1973, p. 168).

Ao estilo de Kant, Fichte também era um idealista subjetivo. Segundo ele, o homem é livre das determinantes naturais e sociais para agir; a ação do homem é liberta para concretizar as vontades de sua razão.

No quadro do iluminismo alemão, a ponte entre o idealismo subjetivo e o idealismo objetivo é feita por Friedrich Schiller (1759-1805). Para esse filósofo, a concepção de homem recebe conotações distintas. De acordo com Schiller, a verdade não está posta nos sujeitos, como queriam Kant e Fichte. A verdade racional está situada para além das manifestações individuais e mutáveis dos homens. Leiamos de sua letra:

> *Temos de elevar-nos, portanto, ao conceito puro de humanidade e, como a experiência nos dá apenas estados isolados de homens isolados, mas nunca a humanidade, temos de descobrir, a partir de seus modos de manifestação individuais e mutáveis, o absoluto e permanente, e buscar, mediante a abstração de todas as limitações acidentais, as condições necessárias de sua existência. Essa via transcendental afastar-nos-á, decerto, por algum tempo de círculo familiar dos fenômenos*

*e da presença viva dos objetos, detendo-nos no campo ermo dos conceitos abstratos; mas é que nos empenhamos por um fundamento sólido do conhecimento, ao qual nada mais deve abalar, e quem não se atrever para além da realidade nunca irá conquistar a verdade.* (Schiller, 2002, p. 56-57)

O círculo familiar dos sujeitos não nos apresenta a verdade; pelo contrário, o fundamento sólido do conhecimento encontra-se no conceito puro de humanidade, ausente de todas as limitações acidentais.

Porém, Schiller não superou completamente o subjetivismo filosófico de Kant. Ainda relutou com alguns conceitos do mestre do idealismo alemão. Vez ou outra, Schiller desembocava na defesa da verdade subjetiva, o que carregava de contradições a sua antropologia filosófica.

O filósofo que superou Kant e levou o iluminismo alemão à altura do idealismo objetivo foi Georg Wilhelm Friedrich Hegel (1770-1831).

Como assinala Coutinho (1972, p. 14), no sistema categorial de Hegel, a razão possui um "duplo aspecto, o de uma racionalidade objetiva imanente ao desenvolvimento da realidade (que se apresenta sob a forma da unidade dos contrários), e aquele das categorias capazes de apreender subjetivamente essa racionalidade objetiva".

Antes de tudo, Hegel era favorável à Revolução Francesa. A modernidade fazia o espírito se mover para frente e Hegel se punha no seio dessas lutas. O ponto de vista revolucionário permitiu a Hegel (2002, p. 31) afirmar a história em processo: "Não é difícil ver que o nosso tempo é um tempo de nascimento e trânsito para uma nova época. O espírito rompeu com o mundo de seu ser-aí e de seu representar, que até hoje durou; está a ponto de submergi-lo no passado, e se entrega à tarefa de sua transformação". O espírito se entregou à tarefa de romper com o mundo que até então durava. Reflete-se na *Fenomenologia do espírito* a sociedade burguesa que nasce sobre os escombros do antigo regime.

A postura iluminista permitia também a Hegel vislumbrar as contradições da realidade, essas contradições que faziam o espírito mover-se para frente e foram expostas por ele na famosa dialética do senhor e do escravo:

> O senhor se relaciona MEDIATAMENTE COM O ESCRAVO POR MEIO DO SER INDEPENDENTE, pois justamente ali o escravo está retido; essa é sua cadeia, da qual não podia abstrair-se na luta, e por isso se mostrou dependente, por ter sua dependência na coisidade. O senhor, porém, é a potência sobre esse ser, pois mostrou na luta que tal ser só vale para ele como um negativo. (Hegel, 2002, p. 147-148, grifo do original)

O senhor é a potência sobre o escravo; submete a ele os seus poderes coercitivos e violentos. O escravo está subjugado pelo senhor graças à cadeia de força a que é submisso.

Mas, de sua posição política, Hegel não abstraiu um idealismo subjetivo, como Kant e Fichte. Pelo contrário, Hegel foi um grande crítico da filosofia kantiana no que concerne ao estatuto da subjetividade. Na filosofia kantiana, segundo Hegel (1968, p. 175, grifo do original), "a razão não deve **elevar-se acima da representação sensível** e deve tomar o fenômeno tal como está".

Em outro momento, Hegel é mais incisivo ao demonstrar que a verdade está na superação do meramente individual. A verdade universal não se substitui pela verdade individual: "A **verdade** do **ser** é a **essência**. O ser é o imediato. Já que o saber quer conhecer o verdadeiro, o que o ser é **em si** e **por si**, não se detém no imediato e suas determinações, senão penetra através dele, supondo que **detrás** deste ser exista algo mais que o ser mesmo e que este fundo constitui a verdade do ser" (Hegel, 1968, p. 339, grifo do original). O ser individual é o imediato; por detrás desse ser imediato está a verdade, isto é, a essência absoluta que determina a sua existência.

E essa verdade essencial sobre o ser das coisas é acessível a todos os homens. Lembrem-se de que Hegel era um iluminista e defendia que "a forma inteligível da ciência é o caminho para ela, a todos aberto e igual para todos" (Hegel, 2002, p. 32).

*Síntese*

*A última batalha* da razão moderna contra as trevas medievais é o Iluminismo. Seus pressupostos históricos são as revoluções que instituem as repúblicas burguesas de uma vez por todas. A luta iluminista contra as tradições eclesiásticas medievais culminava por vezes no ateísmo. É o antropocentrismo levado às últimas consequências. A razão deve ser conduzida a todos os homens, sem exceção. Tornar público o conhecimento é o ideal do homem iluminista. Na Alemanha, o Iluminismo assumiu a figura do idealismo alemão, que nasceu com o idealismo subjetivo de Kant e desemboca na objetividade da ideia em Hegel.

*Indicações culturais*

*Há um abundante* material artístico que reflete o período iluminista da modernidade.

>   FRANCE, Anatole. *Os deuses têm sede*. São Paulo: Boitempo, 2007.
>   DELACROIX, Eugène. *Le 28 Juillet:* la liberté guidant le people. 1830. 1 óleo sobre tela: color.; 260 x 325 cm. Musée du Louvre, Paris.
>   GOYA Y LUCIENTES, Francisco de. *El 3 de mayo de 1808 en Madrid:* los fusilamientos en la montaña del Príncipe Pío. 1814. 1 óleo sobre tela: color.; 268 x 347 cm. Museo del Prado, Madrid.

O movimento francês é referenciado em algumas obras, desde o romance de Anatole France, *Os deuses têm sede*, até os belos quadros de Eugène Delacroix (como o famoso *Julho de 28: a liberdade guiando o povo*) e de Francisco de Goya (como *O 3 de maio de 1808 em Madri*).

RACINE, Jean. *Fedra, Ifigênia e Tebaida ou os irmãos inimigos*. Porto Alegre: Mercado Aberto, 1999.

Sobre a França, há ainda o drama de Jean Racine *Tebaida ou os irmãos inimigos*, em que o dramaturgo francês reproduz o mito grego dos filhos de Édipo, Polineces e Etéocles, em disputa pelo poder, colocando-os como representativos das forças políticas de seu tempo: o Estado aristocrático e o moderno Estado burguês.

CASANOVA e a revolução. Direção: Ettore Scola. Produção: Renzo Rossellini. França/Itália: Triumph Releasing Corporation, 1982. 150 min.

Vale conferir um filme de Ettore Scola chamado *Casanova e a revolução*, em que assistimos à decadência da nobreza aristocrática personificada no personagem do título.

DICKENS, Charles. *Um conto de duas cidades*. São Paulo: Nova Cultural, 2003. (Coleção Obras-primas).

_____. *David Copperfield*. Reino Unido: Penguin Books, 1994. (Coleção Penguin Popular Classics).

STENDHAL. *O vermelho e o negro*. São Paulo: Martin Claret, 2003. (Coleção A obra-prima de cada autor).

Charles Dickens escreveu romances variados sobre a ascensão da sociedade capitalista em sua fase revolucionária. Ressalve-se *Um conto de duas cidades* e *David Copperfield*. Por sua vez, Stendhal escreveu *O vermelho e o negro*, uma leitura obrigatória para o entendimento dessa etapa histórica.

IBSEN, Henrik. *Um inimigo do povo*. Porto Alegre: L&PM, 2001. (Coleção L&PM Pocket).

Os valores liberais do homem iluminista estão caracterizados na vasta obra do dramaturgo norueguês Ibsen. Por exemplo, *Um inimigo do povo* deve ser confrontado para que se veja como a cultura iluminista guiava as ações de um homem comum até a sua sublevação contra as forças sociais. É possível que a filosofia de Fichte tenha inspirado Ibsen na escrita desse drama.

LAMPEDUSA, Giuseppe Tomasi di. *O leopardo*. São Paulo: Nova Cultural, 2003. (Coleção Obras-primas).

O romancista italiano Giuseppe de Lampedusa nos deu a sua obra máxima para representar aquelas transformações sociais: o romance histórico *O leopardo*. É escrito sob o ponto de vista de um nobre que oscila entre a fiel permanência à sua classe aristocrática ou a adesão aos novos ideais da moderna burguesia revolucionária.

GOETHE, Johann Wolfgang von. *Fausto*. São Paulo: A Girafa, 2006.

_____. *Os sofrimentos do jovem Werther*. São Paulo: Estação Liberdade, 1999.

_____. *Os anos de aprendizado de Wilhelm Meister*. Rio de Janeiro: Ed. 34, 2006.

Para a compreensão estética do idealismo alemão, sugerimos as obras de Goethe: *Fausto*, *Os sofrimentos do jovem Werther* e *Os anos de aprendizado de Wilhelm Meister*. Leiamos também os poemas de Friedrich Hölderlin, com menção honrosa para as odes que o poeta alemão escreveu em homenagem a Napoleão Bonaparte.

## Atividades de Autoavaliação

1. Assinale os fatores históricos que precedem a concepção de homem do Iluminismo.
   a) As revoluções burguesas e a instauração derradeira da ordem capitalista.
   b) A permanência dos aristocratas no poder político.
   c) A derrota da burguesia na tentativa de romper com os resquícios medievais.

*d)* A ascensão da classe trabalhadora ao poder.

2. Em que o antropocentrismo dos renascentistas difere do antropocentrismo iluminista?
    I. Os iluministas levam às últimas consequências a crítica à religião contida no Renascimento.
    II. O homem iluminista é tão ateu quanto o renascentista.
    III. Ao contrário do renascentista, o iluminista não vê nenhum equívoco na concepção religiosa de homem.

    *a)* Apenas a afirmação I está correta.
    *b)* Todas as afirmações estão corretas.
    *c)* As afirmações I e II estão erradas.
    *d)* A única afirmação correta é a III.

3. Quais os elementos que não constam nas sociedades futuras projetadas por Condorcet?
    *a)* As relações estarão pautadas na ciência.
    *b)* O homem emancipado dos equívocos vindos dos preconceitos irracionais.
    *c)* As desigualdades sanadas pelo uso universal da razão.
    *d)* Não haverá debate público das ideias e das informações.

4. Assinale (V) para as alternativas verdadeiras e (F) para as falsas.
    ( ) O racionalismo de Kant baseava-se no subjetivismo.
    ( ) O livre-arbítrio de Kant é indissociável da razão universal.
    ( ) Fichte não teorizou sobre a ideia de liberdade.
    ( ) Schiller não apresentou nenhuma elaboração acerca da razão humana.

5. Por que Hegel procurou superar a filosofia de Kant?
    *a)* Para Hegel, Kant não permanece nos limites do imediato.

b) Tanto para Hegel quanto para Kant, a verdade do ser é a essência.
c) Kant não transcende os limites da superfície, conforme Hegel.
d) Hegel não concorda quando Kant afirma que a ciência está aberta para todos os homens.

## Atividades de Aprendizagem

### Questões para Reflexão

1. Por que se pode considerar o Iluminismo a última batalha da razão contra o obscurantismo da concepção cristã de homem?

2. Qual a posição teórica do idealismo alemão dentro do quadro geral do Iluminismo?

### Atividade Aplicada: Prática

1. Reúna-se em grupo e procure discutir quais são os fatores da vida social que obscurecem a obtenção do conhecimento e quais são aqueles que a iluminam.

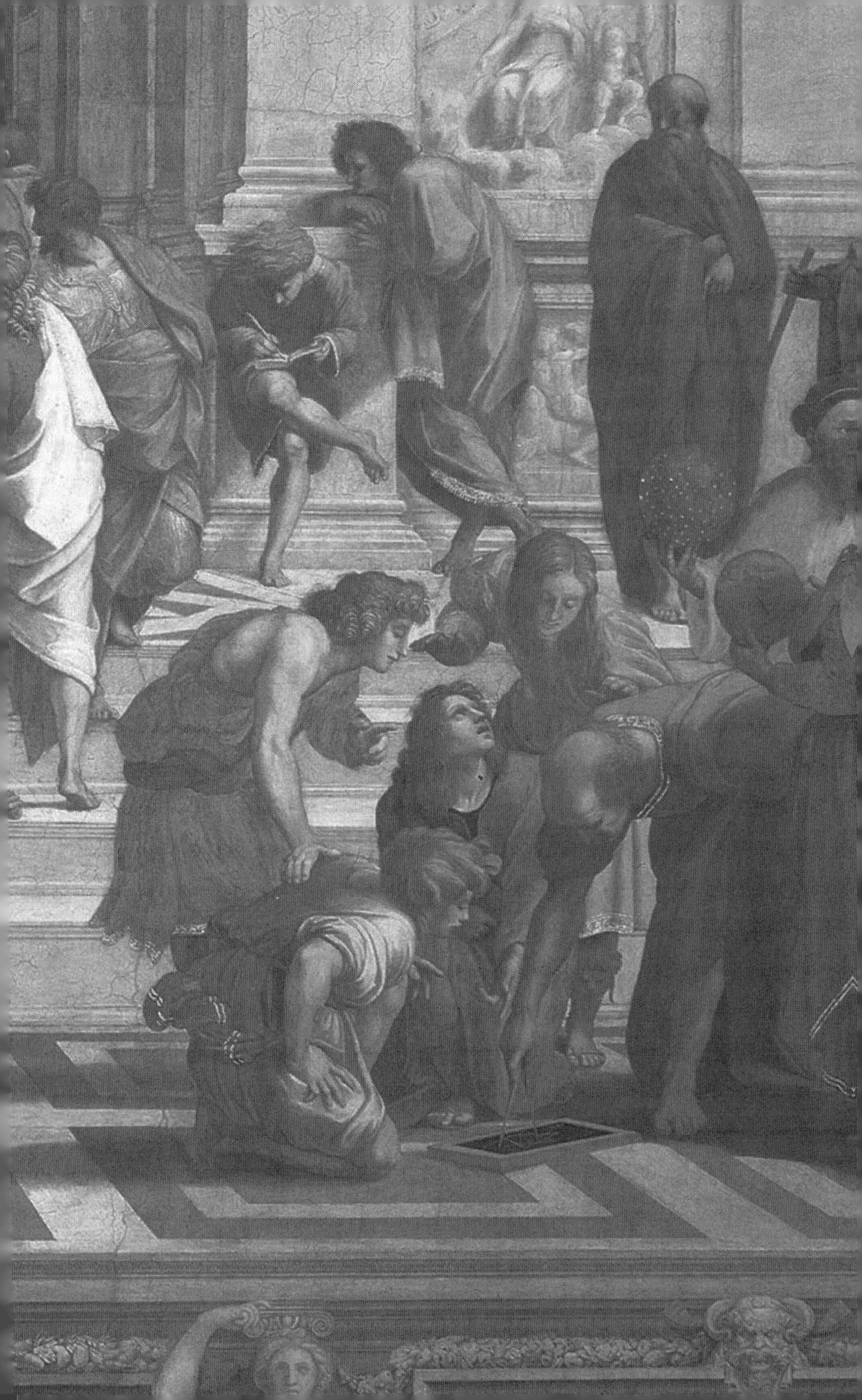

# 5

*A modernidade consolidada*

E*ste capítulo nos dará a oportunidade de analisarmos qual a resposta dos materialistas e dos existencialistas à pergunta-chave da antropologia filosófica: "O que é o homem?" Para isso, temos de começar a analisar como a sociedade moderna se consolidou depois desse período de afirmação diante das relações feudais (ao qual os renascentistas, Descartes, o Iluminismo e o idealismo alemão respondem). Passada a época heroica, a burguesia instaurou o seu poder, fazendo das relações societárias sua imagem e semelhança. Isso é determinante para que se compreendam os contornos da antropologia filosófica dos materialistas e dos existencialistas. Enfim, terminamos o capítulo com a atualidade de Habermas.*

## 5.1
*Pressupostos históricos*

*As revoluções burguesas* ganham o norte da história. Após a fase napoleônica da Revolução Francesa, irrompeu em outras nações uma série de revoluções. O ano de 1848 foi o marco principal desse movimento. Nele, a burguesia continental ganhou o poder.

A consolidação do modo de produção capitalista demarcou uma etapa distinta de seu período de instauração. A filosofia dos partidários da revolução foi igualmente transformadora; o seu projeto de homem era baseado na crença de que o reino da razão poderia ser realizado na história. Com o devir, a concretização da sociedade burguesa desfez as ilusões historicamente legítimas dos renascentistas, dos cartesianos, dos iluministas e dos racionalistas em geral. O reino da razão demonstrou ser impraticável. O domínio da natureza e da história pela racionalidade não ocorreu como se havia planejado. Pelo contrário, a racionalidade capitalista exibiu-se como uma jaula de ferro que aprisionou as forças do homem de maneira similar ao feito pelas amarras medievais à sua época.

A racionalidade burguesa tornou-se a burocracia da rotina diária, que limita a experiência humana. O labor cotidiano, produzido em meio a repetições incessantes, transformou-se em um fardo a ser suportado.

Max Weber (1860-1920) analisou de modo exemplar esse aprisionamento do homem burguês. Em *Economia e sociedade*, escreve-se que, com a gerência burocrática da vida social,

> *O aparelho psicofísico do homem é aqui completamente adaptado às exigências do mundo externo, do instrumento, da máquina ou, em uma palavra, da função, despojado de seu ritmo dado por sua própria estrutura orgânica e submetido a um novo ritmo que, depois da análise sistemática das funções de cada músculo e da criação de*

*uma ótima economia de forças, corresponde perfeitamente às condições do trabalho.*
(Weber, 1999, p. 362)

O ritmo da esteira das indústrias capitalistas sobrepôs-se ao ritmo natural do corpo dos homens. O homem é um mero apêndice da máquina das empresas do capitalismo avançado. Em outro livro, *A ética protestante e o "espírito" do capitalismo*, Weber (2004, p. 47-48) narra com palavras diferentes:

*Atualmente a ordem econômica capitalista é um imenso cosmos em que o indivíduo já nasce dentro e que para ele, ao menos enquanto indivíduo, se dá como um fato, uma crosta que ele não pode alterar e dentro da qual tem que viver. Esse cosmos impõe ao indivíduo, preso nas redes do mercado, as normas de ação econômica. O fabricante que insistir em transgredir essas normas é indefectivelmente eliminado, do mesmo modo que o operário que a elas não possa ou não queira adaptar é posto no olho da rua como desempregado.*

O que se lê nas obras de Weber é a consolidação da sociedade burguesa, quando as esferas da vida do homem são transformadas em mercadoria, quando as relações sociais obtêm a feição mercantilizada do capital. É a época em que, como diz José Paulo Netto (1981, p. 82), "a disciplina burocrática transcende o domínio do trabalho para regular a vida inteira de quase todos os homens, do útero à cova".

O ideal do bem supremo defendido por Kant quase desaparece da filosofia. A jaula de ferro da modernidade não permite o otimismo que era então generalizado entre os iluministas.

## 5.2
## A antropologia materialista de Karl Marx

*Em verdade, o* projeto humanista do Iluminismo é apropriado por aqueles filósofos que concebem a crítica revolucionária à sociedade capitalista. Como a instauração do reino da razão humana não se demonstrou possível dentro dos limites do capitalismo, a razão passou a ser considerada realizável para além destes marcos. Estamos falando da concepção de homem de Karl Marx (1818-1883).

O próprio Marx (2002, p. 28-29) coloca-se como herdeiro da razão iluminista, como fica claro nesta passagem de sua obra em que trata especificamente de Hegel:

> Critiquei a dialética hegeliana, no que ela tem de mistificação, há quase 30 anos, quando estava em plena moda. Ao tempo em que elaborava o primeiro volume de "O capital", era costume dos epígonos impertinentes, arrogantes e medíocres que pontificavam nos meios cultos alemães, comprazerem-se em tratar Hegel tal qual o bravo Moses Mendelssohn, contemporâneo de Lessing, tratara Spinoza, isto é, como um "cão morto". Confessei-me, então, abertamente discípulo daquele grande pensador, e, no capítulo sobre a teoria do valor, joguei várias vezes, com seus modos de expressão peculiares*. A mistificação por que passa a dialética nas mãos de Hegel não o impediu de ser o primeiro a representar suas formas gerais de movimento, de maneira ampla e consciente.

Contudo, em Marx, a herança da concepção humana dos iluministas como Hegel passou por um filtro crítico; recebeu devidas inversões materialistas. Marx (2002, p. 29) dizia que a dialética em Hegel está de cabeça para baixo, sendo necessário, pois, invertê-la: "Em Hegel, a dialética está de cabeça para baixo. É necessário pô-la de cabeça para cima a fim de descobrir a substância racional dentro do invólucro místico". Isso quer dizer que o idealismo hegeliano (ou qualquer outro idealismo) não condiz com a antropologia filosófica de Marx. Ao apartar da filosofia os seus invólucros místicos, Marx fundou sua própria noção de uma antropologia materialista.

---

\* Marx fala exatamente do capítulo sobre a teoria do valor-trabalho no livro O capital: crítica da economia política. O trecho que citamos é extraído do prefácio desse livro.

Em que consiste a antropologia materialista?

Marx diz que o método materialista de interpretação do homem não parte de conceitos elaborados mentalmente. O seu ponto de partida é a própria efetividade do real. Marx parte de pressupostos empíricos. É desse modo que descreve a sua concepção de filosofia:

> Ela não tem necessidade, como na concepção idealista da história, de procurar uma categoria em cada período, mas sim de permanecer constantemente sobre o solo da história real; não de explicar a práxis partindo da ideia, mas de explicar as formações ideais a partir da práxis material e chegar, com isso, ao resultado de que todas as formas e [todos os] produtos da consciência não podem ser dissolvidos por obra da crítica espiritual, por sua dissolução na "autoconsciência" ou sua transformação em "fantasma", "espectro", "visões" etc., mas apenas pela demolição prática das relações sociais reais ["realen"] de onde provêm essas enganações idealistas. (Marx; Engels, 2007, p. 42-43)

Está aqui estampada a concepção materialista de homem: não se parte, então, daquilo que os indivíduos pensam sobre si mesmos, senão daquilo que são de fato, os homens de carne e osso.

Esse método serviu para Marx discernir qual a peculiaridade do sujeito frente à natureza. Adotando como princípio de sua filosofia o homem que produz a sua própria realidade, Marx reconheceu o trabalho, isto é, a atividade humana consciente, como a primeira das características que distinguem o homem da natureza. Leiamos:

> O animal identifica-se imediatamente com a sua atividade vital. Não se distingue dela. É a SUA PRÓPRIA ATIVIDADE. Mas o homem faz da sua atividade vital objeto da vontade e da consciência. Possui uma atividade vital consciente. Ela não é uma determinação com a qual ele imediatamente coincide. A atividade vital consciente distingue o homem da atividade vital dos animais. (Marx, 1993a, p. 164-165, grifo do original)

A última frase da citação é lapidar: a atividade vital consciente distingue o homem da atividade vital dos animais. É a consciência, a razão concernente ao trabalho humano, que distingue o homem do animalesco. O homem é a única das espécies produzidas pela natureza que pôde superar a sua condição natural porque detém a razão. A atividade humana é racional, é transformadora, e não meramente adaptativa, da maneira como é a dos animais. O animal apenas se adapta ao ambiente em seu redor; o homem o transforma em algo diverso: o homem arranca uma parcela da natureza, a madeira ou as pedras, por exemplo, e faz dela um objeto de uso social, como um machado. Esse machado feito de madeira e pedra não é mais somente natureza; é também (e principalmente) um objeto de valor social, humano.

Em *O capital*, Marx examina o trabalho como a tarefa em que se põem homem e natureza, sendo que esta última se submete ao domínio da razão humana; é um "processo em que participam o homem e a natureza, processo em que o ser humano, com sua própria ação, impulsiona, regula e controla seu intercâmbio material com a natureza" (Marx, 2002, p. 211). O impulso, a regulação e o controle de seu intercâmbio são características peculiares à práxis humana.

O filósofo marxista Georg Lukács (1982, p. 268) explicou em bons termos o intercâmbio entre a atividade racional do homem, o trabalho e a natureza na qual se trabalha:

> *No trabalho, o homem toma alguma coisa da natureza, o objeto do trabalho, e arranca-o de sua conexão natural, submete-o a um tratamento pelo qual as leis naturais são aproveitadas teleologicamente em uma posição humana de fins. Isso se intensifica ainda quando aparece na ferramenta uma "natureza" teleologicamente transformada desse modo. Assim se origina um processo, submetido sem dúvida às leis da natureza, mas que, como tal processo, não pertence já à natureza, e no que todas as interações são naturais só no sentido que parte do objeto do trabalho, porém sociais no sentido que parte da ferramenta, do processo de trabalho.*

O homem começa a se diferenciar da natureza a partir do trabalho: com a sua atividade consciente, ele torna-se um ser social.

O homem nasce da natureza, mas não se confunde com ela; pelo contrário, passa a se diferenciar. Inspirando-se no filósofo italiano Giambattista Vico, Marx costumava dizer que há, por um lado, a história da natureza e, por outro, a história do homem. Contudo, nós, os seres humanos, só fizemos a história que nos cabe, a **história humana** (Marx, 2002, p. 428).

Com essa nova modalidade de ser, o homem, surgem categorias não vistas até então. Sobre a consciência, já vimos que a diferença está posta: no reino da natureza não há a atividade consciente. Mas também não há entre os animas a liberdade. Os seres naturais reproduzem a sua vida de forma mecânica, automática, previamente determinada pelos instintos inerentes à sua espécie. Quanto ao homem, a situação é diversa. Por ser racional, o homem consegue formular escolhas diante de determinada circunstância. Não está estabelecido geneticamente que, em um cruzamento de duas vias, um ser humano singular deverá optar sempre pela via direita. Resta ao homem escolher. Daí provém o princípio da liberdade.

Marx (1974, p. 335) expressou essa ideia com as seguintes e famosas palavras: "Os homens fazem sua própria história, mas não a fazem como querem; não a fazem sob circunstâncias de sua escolha e sim sob aquelas com que se defrontam diretamente, legadas e transmitidas pelo passado". Os homens fazem a sua própria história; um indivíduo pode tomar a via direita, enquanto o outro se decidirá pela esquerda.

O dado relevante dessas escolhas é que Marx acrescenta que a alternativa não é individualmente colocada pelos homens. Fazem a sua própria história, mas não como querem; as alternativas foram legadas pelas gerações anteriores, pelos antepassados dos homens atuais e estes últimos recebem essa herança para continuá-la, preservá-la, transformá-la etc. Por exemplo, um homem que vive em nosso tempo não conseguiria viver segundo os padrões socioeconômicos da Antiguidade grega. Mesmo que quisesse, não seria possível. Um burguês que pretendesse se comportar como Sócrates não seria capaz de reproduzir todos os aspectos da vida do filósofo grego. É objetivamente irrealizável. O homem faz a sua própria história, mas em circunstâncias que não foram individualmente escolhidas por ele.

Segundo a concepção antropológica de Marx, o homem e a totalidade social são dois aspectos indissociáveis da realidade concreta. Um não pode ser pensado sem o outro. As circunstâncias são produzidas pela ação humana que, por sua vez, é condicionada por elas.

Foi com esses termos que Marx (1993a, p. 494) descreveu a dinâmica de integração entre o exemplar singular da espécie e o universo do gênero humano:

> *O ato de reprodução em si não muda apenas as condições objetivas, isto é, transformando aldeias em cidades; regiões selvagens em terras agrícolas, etc., mas os produtores mudam com ele, pela emergência de novas qualidades, transformando-se e desenvolvendo-se na produção, adquirindo novas forças, novas concepções, novos modos de mútuo relacionamento, novas necessidades e novas maneiras de falar.*

O ato da práxis humana não altera apenas as condições objetivas da realidade, como as aldeias em cidades, altera igualmente as habilidades humanas, com aquisição de novas forças, novas concepções, de se relacionar com o outro etc. Tanto o objetivo quanto o individual estão vinculados sem que se possa dissociar-se em hipótese alguma.

A questão é que, durante a história, o homem produziu realidades que não se repetem ao longo do tempo. A antropologia materialista de Marx possui um caráter inapelavelmente histórico. A essência do homem é a transformação histórica; aquilo que permanece é meramente fenomênico. O modo como os homens produzem e reproduzem as condições de sua vida são diferentes nos vários estágios de desenvolvimento da história.

O modo de produção capitalista é mais um desses estágios. Não é o único senão apenas um outro em meio a tantos, de acordo com as teorias desenvolvidas por Marx. Assim como todas as etapas anteriores se puseram em um inesgotável processo de dissolução histórica, o capitalismo também se põe dentro desse processo.

A superação do capitalismo seria o fim da pré-história do homem; fazem parte da pré-história humana as fases de desenvolvimento do ser social em que as sociedades estão cindidas em classes antagônicas. No caso do capitalismo, são os trabalhadores produtores das riquezas e os burgueses detentores dos meios de produção destas riquezas. Com o fim da divisão classista do capitalismo, inicia-se o que Marx chamou de *história da humanidade*, o instante em que o desenvolvimento de um homem singular será condição para o desenvolvimento de todos os homens do gênero.

Os traços gerais da transição entre a pré-história e a autêntica história humana estão descritos aqui por Heller (1983, p. 25):

> Mas no decurso da pré-história da humanidade todos os passos no aparecimento da essência humana constituíram simultaneamente um momento de alienação; o desenvolvimento de toda a espécie realizou-se à custa de homens individuais, classes e povos, e o enriquecimento da humanidade exigiu o empobrecimento de alguns homens. O homem sempre foi um ser social, mas a sua sociabilidade-em-si só se transformou numa sociabilidade-para-si com a criação de uma humanidade universal pelo mercado mundial, enquanto a humanidade (o homem, e portanto cada ser humano isolado) só será dona das suas próprias relações sociais no futuro, transformando-se em humanidade-para-nós.

Essa é a tradução da passagem histórica para uma sociedade emancipada, em que o desenvolvimento social não seria produzido a custas de indivíduos; ao contrário, o desenvolvimento societário estaria presumido na evolução íntegra da humanidade por completo.

## 5.3
## A concepção existencialista de homem: Heidegger

*Houve, no entanto,* filósofos que não participaram do projeto racionalista do homem do Iluminismo e tampouco aceitaram os pressupostos inerentes à antropologia materialista. Não viam saída para o homem acuado pelo desenvolvimento do capitalismo burocrático, fosse o racionalismo iluminista ou a sua herança marxista. Continuaram nos limites do homem burguês, sem que se nutrissem do otimismo do ideal do bem supremo de Kant.

É desse contexto que nasce a antropologia filosófica de Martin Heidegger (1889-1976). Georg Lukács (1968, p. 398) constata que os pressupostos históricos para a filosofia de Heidegger condizem com a situação temerosa em que se encontrava a sociedade europeia no início do século XX: "Não havia nada de seguro, nenhum ponto de apoio. E, no meio do caminho, se levantava o indivíduo solitário, cheio de angústia e medo". É o que caracteriza a noção antropológica de Heidegger: o homem solitário e desesperado diante da história. À sua corrente filosófica, Heidegger deu o nome de *existencialismo*, cuja descrição é feita nesses moldes novamente por Lukács (1968, p. 399):

> A *"filosofia existencial", nascida das depressões profundas do desespero de um subjetivismo extremo, que se devora a si mesmo e que encontrava justificação precisamente no "pathos" deste desespero, na intenção de denunciar como vãs e vazias quimeras do pensamento todos os ideais da vida sócio-histórica, por oposição à única realidade existente: o sujeito.*

A partir dos comentários de Lukács fica clara qual é a fórmula para se compreender a antropologia filosófica de Heidegger: **o sujeito** acrescido da angústia existencial. O filósofo existencialista costumava dizer que em nenhuma época houve um homem tão problemático quanto na atual. A angústia de seu tempo se traduzia assim na concepção de homem de Heidegger (1997a, p. 250, grifo do original): "Aquilo com que a angústia se angustia é o 'nada' que não se revela 'em parte alguma'. Fenomenalmente, a impertinência do nada e do em parte alguma intramundanos significa que **a angústia se angustia com o mundo como tal**". A angústia que o homem porta em si é a angústia que brota do confronto com o mundo enquanto tal. Intramundano, o homem está sob o signo do desespero.

O existencialismo de Heidegger incorpora à antropologia a tônica do desespero como característica constitutiva do ser do homem. A marca indefectível do gênero humano é o desesperar-se com o mundo em torno.

Este elemento filosófico de Heidegger possui antepassados. Pensemos no filósofo dinamarquês Sören Kierkegaard (1813-1855). O seu *Tratado sobre o desespero humano* (*Traité du désespoir*) representava os indivíduos como seres angustiados por natureza. De suas palavras podemos ler a definição de humano que, segundo Kierkegaard (1963, p. 67), "é o ácido, é a gangrena do desespero, a súplica cuja ponta, dirigida ao interior, afunda-nos cada vez mais no sentido da autodestruição impotente". Essa súplica ácida e pontiaguda que nos atinge no interior e que nos leva à autodestruição impotente é universal, é comum a todos os homens. É parte inerente à espécie humana: "O desespero é uma categoria do espírito, suspensa na eternidade, e por consequência um pouco de eternidade entra em sua dialética" (Kierkegaard, 1963, p. 76). O desespero é então uma categoria partícipe do espírito de nosso gênero.

À mesma época que Kierkegaard, Arthur Schopenhauer (1788-1860) dizia que "a vida oscila, como um pêndulo, da direita para esquerda, do sofrimento para o aborrecimento: estes são os dois elementos de que ela é feita" (Schopenhauer, 2004, p. 327). Há também em Schopenhauer um quê de desespero e de pessimismo que resultariam posteriormente nas elaborações filosóficas de Heidegger. Schopenhauer argumentava que a moral de autoflagelação dos hindus é a conduta que está em concordância com a essência humana; o pessimismo de Schopenhauer (2004, p. 407) o conduz a preconizar os mandamentos da negação desesperada do mundo:

> *Despojar-se de suas riquezas, abandonar qualquer habitação, deixar os seus, viver no isolamento mais profundo, afundado numa contemplação silenciosa, infligir-se uma penitência voluntária no meio de lentos e terríveis suplícios, em vista de uma mortificação completa da vontade, levada finalmente à morte pela fome [...], precipitando-se da rocha sagrada do alto do Himalaia, ou fazendo-se enterrar vivo [...] Preceitos observados durante tanto tempo por um povo que conta milhões de indivíduos, impondo sacrifícios tão pesados, não pode ser uma fantasia inventada por capricho, mas devem ter a sua raiz na própria essência humana.*

Entre a geração de Schopenhauer e Kierkegaard e a de Heidegger podem-se ver alguns personagens de transição. Já aludimos a Max Weber. Lukács (1968, p. 500) considera que Weber faz a ponte de passagem da filosofia irracionalista do século XIX para o existencialismo do século XX. De fato, em Weber (1999, p. 542) é possível ler trechos que não seriam desaprovados por nenhum dos existencialistas, como, por exemplo: "Como é possível, diante desta tendência irresistível à burocratização, salvar pelo menos alguns resquícios de uma liberdade de ação 'individualista' em algum sentido?" Essa pergunta é o norte das obras dos existencialistas.

Essas são as fontes em que bebe a antropologia filosófica de Heidegger. As suas raízes são autores como Kierkegaard e Schopenhauer. Deles Heidegger retirou o matiz do desespero subjetivo, pessimista quanto ao devir. Lembrem-se ainda de que, influenciado por Heidegger, Jean-

Paul Sartre (1905-1980) escreveria em *O ser e o nada* que "logramos sufocar ou dissimular nossa angústia? Certo é que não poderíamos suprimi-la, porque **somos** angústia" (Sartre, 1997, p. 89, grifo do original). Heidegger corroboraria com o dizer de Sartre, isto é, **não se suprime a angústia porque somos angústia**.

E, de Weber, Heidegger procurou salvaguardar a individualidade humana frente à padronização burocrática da sociedade burguesa consolidada.

Como todo e qualquer existencialista, Sartre (1997, p. 84) também buscou essa salvaguarda para a individualidade: "Eu decido, sozinho, injustificável e sem desculpas". É um indivíduo que se basta a si mesmo. Não há critério externo ao indivíduo burguês que determina a exatidão ou o equívoco de suas decisões.

Partindo dessas premissas, Sartre (1997, p. 543-544) não teve maiores dificuldades para chegar à sua fórmula notória: "Estou condenado a ser livre. Significa que não se poderia encontrar outros limites à minha liberdade além da própria liberdade, ou, se preferirmos, que não somos livres para deixar de ser livres".

O ser do homem é integralmente livre de qualquer determinação objetiva que condicione sua ação, suas veleidades, seus anseios mais íntimos. O ser do homem é livre.

A bem dizer, o projeto filosófico de Heidegger é construir uma ontologia, uma teoria do ser. Ele não foi o único. Podemos reler Platão, Aristóteles, Agostinho, Aquino, Hegel e Marx segundo o princípio de uma ontologia, cada uma à sua maneira. Igualmente ao seu modo, Heidegger elabora uma teoria do ser, que o guia até a constatação de que a composição do ser na modernidade consolidada pauta-se no desespero.

A própria filosofia se associa à teoria do ser; filosofar é indagar a propósito do ser. Numa conferência, ouve-se da voz do filósofo que a "filosofia é o combate que continuamente questiona a essência e o ser do sendo, do que é e está sendo" (Heidegger, 2007, p. 29).

Para dar conta do ser, Heidegger (1997a, p. 37) parte da investigação do próprio comportamento deste: "Por mais rico e estruturado que possa ser o seu sistema de categorias, toda ontologia permanece, no fundo, cega e uma distorção de seu propósito mais autêntico se, previamente, não houver esclarecido, de maneira suficiente, o sentido do ser [sic] nem tiver compreendido esse esclarecimento como sua tarefa fundamental". O esclarecimento do sentido do ser é a tarefa fundamental de toda e qualquer ontologia.

De acordo com Heidegger, o ponto de partida de uma veraz teoria do ser é a fenomenologia, isto é, a captura do homem em sua singularidade, em seu comportamento típico. Na linguagem de Heidegger, é o "ser no mundo", o homem rodeado pelas coisas cotidianas (o que inclui as demais pessoas que diariamente o envolvem).

A teoria do ser que se lê em *Ser e tempo* é fenomenológica:

> *Ontologia e fenomenologia não são duas disciplinas diferentes da filosofia ao lado de outras. Ambas caracterizam a própria filosofia em seu objeto e em seu modo de tratar. A filosofia é uma ontologia fenomenológica e universal que parte da hermenêutica da pre-sença, a qual, enquanto analítica da* EXISTÊNCIA, *amarra o fio de todo questionamento filosófico no lugar de onde brota e para onde* RETORNA. (Heidegger, 1997a, p. 69, grifo do original)

E o que seria esse mundo em que o ser do homem está? Heidegger (2007, p. 100, grifo do original) mesmo responde que "a essência do **mundo**: aquilo que nos pressiona a presença no todo de sua profundidade e envergadura; aquilo que ou nos arrasta para fora de nós mesmos ou nos eleva à grandeza de nosso destino". São os acontecimentos que nos rodeiam, seja um móvel doméstico, um de nossos familiares ou então um acontecimento histórico (revoluções, guerras etc.). O mundo é o fato com o qual os indivíduos devem lidar diariamente. O mundo é o todo que nos submete à sua força, seja para nos arrastar ou para nos engrandecer.

Daqui Heidegger aporta no problema da angústia: o comportamento fenomenológico do ser do homem é sempre norteado pelo medo de que algo interfira em seu mundo. Teme-se o que pode vir de encontro ao nosso ser. A análise do ser do homem é o ponto de partida pelo qual Heidegger conclui que um dos componentes estruturais da ontologia fenomenológica é o medo.

Quanto à descrição do temível, Heidegger (1997a, p. 195) estabelece os seguintes parâmetros:

> O que pertence ao temível como tal a ponto de vir ao encontro no temer? O que se teme possui o caráter de ameaça. Isso implica várias coisas: 1. O que vem ao encontro possui o modo conjuntural de dano. Ele sempre se mostra dentro de um contexto conjuntural. 2. Esse dano visa a um âmbito determinado daquilo que pode encontrar. Chega trazendo em si a determinação de uma região dada. 3. A própria região e o "estranho" que dela provém são conhecidos. 4. O danoso enquanto ameaça não se encontra numa proximidade dominável, ele se aproxima. Nesse aproximar-se se aproxima dentro da proximidade. O que, na verdade, pode ser danoso no mais alto grau e até se aproxima continuamente, embora mantendo-se à distância, estranha sua temeridade. É, porém, aproximando-se na proximidade que o danoso ameaça, pois pode chegar ou não. Na aproximação cresce esse fato de "poder chegar mas nem sempre chegar". Então dizemos, é terrível. 6. Isso significa: ao se aproximar na proximidade, o dano traz consigo a possibilidade desvelada de ausentar-se e passar ao largo, o que não diminui nem resolve o temor, ao contrário, o constitui.

É possível que esse temor se transforme em **pavor**, quando o dano ainda não chegou, ainda que esteja na iminência de chegar; em **horror**, quando o que se teme é algo completamente não familiar; e em **terror**, quando a ameaça assume o caráter de pavor e horror ao mesmo tempo (Heidegger, 1997a, p. 197).

Às vezes, Heidegger permite que transpareça o tom bélico peculiar ao tempo em que vivia. Em um ensaio de meados de 1930, o filósofo (Heidegger, 2007, p. 104) escreveu:

*Inimigo é quem e todo aquele de quem sai e provém a ameaça para a presença do povo e sua integridade. O inimigo não precisa ser externo e o inimigo externo nem sempre é o mais perigoso. Pode parecer não haver a presença de um inimigo. Então, a exigência fundamental é identificar o inimigo, colocá-lo à luz ou até iluminá-lo, a fim de dar-se e acontecer o estar contra e resistir ao inimigo e a presença não se tornar obtusa.*

Não é preciso grande esforço, caso se conheça a história recente dos alemães, para se verificar que Heidegger leva-se por impulsos imperialistas da Alemanha às vésperas da Segunda Guerra Mundial – um projeto nacional em que se engajava*.

Teorizado o conceito de angústia, Heidegger passou a destinar um local para a **morte** em sua antropologia filosófica. Assim, "**enquanto fim da pre-sença, a morte é a possibilidade mais própria, irremissível, certa e, como tal, indeterminada e insuperável da pre-sença**. Enquanto fim da pre-sença, a morte **é** e **está** em seu ser-**para** o fim" (Heidegger, 1997b, p. 41, grifo do original). Própria, irremissível, certa, indeterminada e insuperável, a morte condena todos os homens à cessação de seu ser. No instante em que inicia o tempo de sua vida, o homem está condenado à morte. Sob tal ótica, o tempo da vida é indissociável do tempo da morte.

Outro existencialista alemão, Karl Jaspers (1883-1969), disse que "toda vida está posta entre dois parênteses: o nascimento e a morte. E só o homem tem consciência disso" (1985, p. 127).

No mesmo tom de Heidegger, Jaspers (1985, p. 127) completa que

---

\* Para entender as relações entre Heidegger e a política nazista, recomendamos Farias (1988).

"estamos todos destinados à morte. Ignorando o momento em que ela virá, procedemos como se nunca devesse chegar. Em verdade, vivendo, não acreditamos realmente na morte, embora ela constitua a maior de todas as certezas".

E, uma outra vez como Heidegger, Jaspers associa a morte ao sentimento de temor diante da própria morte. Tememos a morte e esse temor nos provoca angústias das mais diversas. É, porém, um temor de espécie diferente, especial frente a outros:

> O temor da agonia é temor de sofrimento físico. A agonia não se confunde com a morte. A angústia a que ela dá lugar pode manifestar-se em muitas crises, vindo o paciente a recuperar-se. E poderá ele dizer: "Morri várias vezes". Não obstante, a experiência colhida nessas ocasiões não é experiência da morte. Todo sofrimento é experimentado por alguém que está vivo. A morte escapa à experiência. (Jaspers, 1985, p. 128)

Jaspers também não difere de Heidegger quando afirma que a consciência da morte pode fazer despertar o homem para a consciência da própria vida. Com a proximidade da morte, é possível que o homem seja abalado de tal maneira em sua personalidade que a vida se carregue de sentido e se torne uma experiência válida: "A existência só desperta quando o existente é sacudido pela ideia da morte. A existência ou se perde no desespero face ao nada ou se revela a si mesma na certeza de eternidade" (Jaspers, 1985, p. 132).

É tempo de voltarmos para as elaborações particulares de Heidegger. Eduardo Nicol (1989, p. 381) coloca nesses termos o significado da morte para a concepção de homem em Heidegger: "A temporalidade é a morte. Esta é a razão profunda, por debaixo das superficiais repugnâncias da sensibilidade, pela qual a existência autêntica em Heidegger nos há de parecer uma forma de morte".

Se Nicol está certo e a existência autêntica em Heidegger parece com uma forma de morte, a existência inautêntica é aquela que cessa a sua vigência com o instante da morte. Isto é, a rotina cotidiana. De novo, Nicol (1989, p. 386, grifo do original) explica de maneira lúcida: "Na vida ordinária dos homens, os hábitos da existência cotidiana podem muito bem tomar a forma de um círculo, de tal modo que a linha de conduta está fechada e cada ação se opõe à passada, e, em face da seguinte, sem que exista nenhum fim que possa justificar a todas. Esta vida Heidegger chamaria de *inautêntica*".

A cotidianidade, plena de repetições e de atos produzidos em círculos concêntricos, é a existência inumana para a antropologia filosófica de Heidegger.

Em *Ser e tempo*, observa-se a seguinte passagem que caracteriza a ideia que Heidegger formula acerca do tempo feito de círculos de infinitos "agoras": "Para a compreensão vulgar do tempo, este se mostra, portanto, como uma sequência de agoras, sempre 'simplesmente dados', que, igualmente, vêm e passam. O tempo é compreendido como o um após outro, como o 'fluxo' dos agoras, como 'correr do tempo' [sic]" (Heidegger, 1997b, p. 234).

Essa interpretação de Heidegger sobre a rotina ininterrupta de agoras nos remete a um conceito muito popular da filosofia: a história como *O eterno retorno* de Friedrich Nietzsche (1844-1900), um autor do amplo conhecimento de Heidegger*. Segundo Nietzsche, a história caminharia em círculos que se sucedem sem que o homem seja capaz de romper com a sua escala sequencial. É com essa compreensão de história que Nietzsche (1999, p. 440, grifo do original)

---

* Na mesma medida, Jaspers trata da ideia do eterno retorno de Nietzsche: "Nietzsche acreditava que a crença no eterno retorno é a mais enérgica afirmação da vida. A todo instante, está ligando o fim ao começo. Vive no ciclo do eterno retorno. Pode ocorrer que a distância a separar o fim (morte) do começo (novo nascimento) seja imensa, mas reduz-se a nada se a vida é revivida de maneira infinitamente repetitiva, fazendo-se, em tal sentido, imortal" (Jaspers, 1985, p. 131).

descarta a possibilidade do equilíbrio entre as forças motrizes do espírito humano:

> Se um equilíbrio da força tivesse sido alcançado alguma vez, duraria ainda: portanto, nunca ocorreu. O estado deste instante CONTRADIZ a admissão. Se se admite que houve uma vez um estado absolutamente igual ao deste instante, esta admissão não é refutada pelo estado deste instante. Entre as infinitas possibilidades, porém, TEM DE ter-se dado esse caso, pois até agora já passou uma infinidade. Se o equilíbrio fosse possível, teria de ter ocorrido. – E se o estado deste instante esteve aí, então também esteve aquele que gerou, e seu estado prévio, e assim por diante, para trás –, de onde resulta que também uma segunda, terceira vez ele já esteve aí –, assim como uma segunda, terceira vez ele estará aí –, inúmeras vezes, para frente e para trás. Isso significa que se move todo vir-a-ser na repetição de um número determinado de estados perfeitamente iguais.

Logo em seguida, o filósofo (Nietzsche, 1999, p. 440, grifo do original) acresce: "Quem não acredita em um **processo circular do todo** tem de acreditar no Deus voluntário – assim minha consideração se condiciona na oposição a todas as considerações teístas que houve até agora".

Heidegger se inspirou em Nietzsche para caracterizar a vida inautêntica da cotidianidade como os atos produzidos em círculos, que se repetem sem sair do lugar, sem se mover para frente.

Quanto à ideia de que uma forma de morte é a solução para a inautenticidade da rotina ordinária, isso foi fruto da influência de Kierkegaard. O filósofo dinamarquês havia dito que o desespero "é o mau, não o remédio. Essa é sua dialética. Como na terminologia cristã, a morte exprime a mais nociva miséria intelectual, sendo a sua cura morrer, morrer para o mundo" (Kierkegaard, 1963, p. 49). Aqui está a raiz do uso que Heidegger faz do conceito de morte. É um certo Kierkegaard que fala por sua voz quando o existencialista alemão trata dos temas concernentes à morte.

## 5.4
## Os problemas de uma antropologia filosófica contemporânea e o racionalismo de Habermas

*Para terminar a* história da antropologia filosófica, escolhemos tecer alguns comentários sobre uma das mais influentes das tendências contemporâneas no âmbito da filosofia: a obra de Jürgen Habermas (1929-). Esse filósofo alemão tende a elaborar uma concepção de homem que conjuga elementos fáceis de serem rastreados nos seus antecessores: o projeto da razão iluminista, por exemplo, não é algo que Habermas deixa de lado (como o fez Heidegger).

Há um certo racionalismo em Habermas. A sua concepção de homem responde a um período histórico distinto daquele que vimos com Marx e com Heidegger. O próprio Habermas (1983, p. 327-328, grifo do original) expõe as circunstâncias históricas sobre que fala a sua filosofia:

> Desde a última quarta parte do século XIX, nos países capitalistas mais avançados, duas TENDÊNCIAS de DESENVOLVIMENTO podem ser notadas: (1) um acréscimo da atividade intervencionista do Estado, que deve garantir a estabilidade do sistema, e (2) uma crescente interdependência entre pesquisa e a técnica que transformou a ciência na principal força produtiva. Ambas as tendências perturbam aquela constelação do quadro institucional e dos subsistemas do agir racional com respeito a fins, pela qual se caracterizava o capitalismo desenvolvido dentro do liberalismo. Com isso, caem por terra relevantes condições de aplicação da economia política, na formulação que, tendo em vista o capitalismo liberal, Marx lhe deu justo título.

Aqui foi caracterizado o momento histórico no qual parecia para alguns que o Estado burguês havia intervindo na economia capitalista o suficiente para que se eliminassem do vocabulário político-filosófico categorias como transformação, revolução etc. Habermas considera que as contradições do capitalismo estão resolvidas (ou pelo menos amenizadas) pela intervenção estatal e, por isso, a projeção histórica da superação das relações capitalistas está fadada ao fracasso. Em Habermas não se vê a processualidade histórica movida por contradições (como está em Hegel e Marx). Mas também não se vê a angústia existencial do homem de Heidegger, Jaspers e Sartre. Ainda que Habermas não possua nem de longe a amplidão dos renascentistas, cartesianos e iluministas, a razão burguesa ainda permanece válida para o filósofo contemporâneo.

Mas em que consiste a razão do homem de Habermas?

Para Habermas, por meio da racionalidade inerente ao diálogo, o homem pode chegar ao consenso. Daí provém o conceito por ele elaborado de **razão comunicativa**. Com o instrumento privilegiado da comunicação, os homens aportam no entendimento mútuo, na cumplicidade de visões de mundo, no acordo. Nos termos exatos da obra máxima de Habermas (2003, p. 563), *Teoria da ação comunicativa* (*Teoría de la acción comunicativa*), o conceito de "razão comunicativa" compreende uma "razão imanente ao uso da linguagem quando este uso endereça-se ao entendimento".

Com o uso da razão comunicativa, os homens podem desfrutar dos mesmos valores. Do diálogo nasce a circunstância em que os indivíduos terminam por concordar sobre a validade de determinados símbolos. Por exemplo, poderia ser de comum acordo entre dois homens que dialogam o fato de que as guerras imperialistas não possuem mais razão de ser. O diálogo entre eles resultaria na concordância em torno de um certo valor cultural: o repúdio às intervenções bélicas.

Habermas não inova quanto à sua concepção de homem. Desde Sócrates, já nos é comum o diálogo intersubjetivo como o caminho para se obter a verdade. No entanto, Habermas não vai tão longe. A racionalidade comunicativa como característica do ser humano é um elemento que se encontra na filosofia de Rickert (1863-1936), por exemplo. O autor de *Introdução aos problemas da filosofia da história* (*Introducción a los problemas de la filosofía de la historia*) nos disse que as construções filosóficas devem ser respaldadas nos valores que são compartilhados por uma certa sociedade em um certo contexto histórico. Ou seja, "a história refere seus objetos somente àqueles valores que valem como tais para todos a quem se dirige, ou que, pelo menos, são compreendidos por todos como valores" (Rickert, 1961, p. 72).

Predominam aqueles valores que são compreendidos como valores. Se, por exemplo, apenas os valores pacifistas são compreendidos como valores, deduz-se daí que os valores que se opõem a estes carecem de validade. Isto é, apenas à paz é conferido o estatuto de valor, graças ao diálogo entre os homens; estes mesmos homens não teriam outorgado à guerra um estatuto semelhante, não lhe imputaram qualquer validade cultural. Habermas diria que a validade apenas é conferida a um valor pela razão comunicativa, pelo diálogo com vistas a criar o consenso.

Em um artigo, Habermas (1996, p. 12) expõe didaticamente o seu objetivo naquele texto, o que, na verdade, delimita o seu objetivo filosófico universal: "É nosso objetivo nesta obra desenvolver a ideia de que qualquer pessoa que haja segundo uma atitude comunicativa deve, ao efetuar qualquer tipo de ato de fala, apresentar pretensões de validade universal e supor que estas possam ser defendidas".

Ele continua a seguir com a descrição de uma ação comunicativa típica:

> *Em todo este processo, o falante deve escolher uma forma de expressão inteligível, de forma a que tanto ele como o ouvinte possam* COMPREENDER-SE UM AO OUTRO.

*O falante deverá ter intenção de comunicar uma proposição verdadeira – ou seja, um conteúdo proposicional, cujas pressuposições existenciais estejam satisfeitas – de forma a que o ouvinte possa* PARTILHAR O CONHECIMENTO DO FALANTE. *Este último deverá assim pretender exprimir as suas intenções* DE UMA FORMA VERDADEIRA, *de forma a que o ouvinte possa considerar o seu discurso credível (ou seja, digno de confiança). Por fim, o falante deverá escolher um discurso que esteja correto no que respeita às normas e valores permanecentes, de forma a que o ouvinte possa aceitá-lo e que ambos possam, nesse discurso,* CONCORDAR MUTUAMENTE *no que toca a uma base normativa reconhecida. Além de tudo isto, a ação de comunicação só poderá permanecer intacta enquanto todos os participantes supuserem que as pretensões de validade que reciprocamente efetuam são representadas justificadamente.* (Habermas, 1996, p. 12, grifo do original)

O fim de tal procedimento é imediatamente exposto assim:

*O objetivo de se conseguir um entendimento é chegar-se a uma concordância que termine na mutualidade intersubjetiva de compreensão recíproca, no conhecimento partilhado, na confiança mútua e na concordância entre os ouvintes. A concordância baseia-se no reconhecimento das quatro pretensões de validade correspondentes: compreensibilidade, verdade, sinceridade e acerto.* (Habermas, 1996, p. 12-13)

A formulação filosófica de Habermas não passa ilesa das críticas. Toda a sua elaboração está sustentada no poder do diálogo, da ação comunicativa. Os conflitos entre classes antagônicas poderiam se resolver através da estratégia descrita aqui, com o falante e o ouvinte argumentando e concordando reciprocamente. Um capitalista e um trabalhador argumentando e chegando a acordos sem que o seu choque de interesses culmine em revoluções. Assim, um crítico de Habermas constata que "ao elaborar a **Teoria do agir comunicativo**, Habermas se converteu no autêntico filósofo da burguesia nessa época de crise, pois forneceu as bases para uma concepção de mundo em tudo compatível com o mercado e com as relações político-democráticas do capitalismo desenvolvido" (Lessa, 2002, p. 205, grifo do original).

Um outro crítico também procura desnudar as inconsistências da filosofia de Habermas:

> No contexto do capitalismo tardio, a tese habermasiana da pacificação dos conflitos de classes encontra-se hoje, há menos de vinte anos de sua publicação, sofrendo forte questionamento. Não só o welfare state vem desmoronando no relativamente escasso conjunto de países onde ele teve efetiva vigência, como também as mutações presenciadas no interior do ESTADO INTERVENCIONISTA acentuaram seu sentido fortemente privatizante. Desse quadro cheio de mutações vem desintegrando também, e de maneira crescente, a base empírica limitada de sustentação da crítica habermasiana à pacificação das lutas sociais, dada pela hegemonia do projeto social-democrático no interior do movimento dos trabalhadores. (Antunes, 2002, p. 162, grifo do original)

Na história contemporânea, há outras concepções filosóficas que merecem destaque. Habermas não é o único a filosofar sobre o homem em nosso tempo (como Sócrates, Platão e qualquer outro filósofo de qualquer tempo não foram os únicos a conceber uma noção peculiar de ser humano em seu respectivo período histórico). A questão é que, apesar das suas inúmeras inconsistências, Habermas é uma das figuras mais influentes da filosofia contemporânea, um dos poucos que se aproximaram de uma elaboração mais abstrata e que, por isso, vão permanecer sendo lidos por bastante tempo.

## Síntese

*Neste capítulo, vimos* a consolidação da modernidade, a instauração da sociedade burguesa a pleno vapor. Frustraram-se as ilusões historicamente legítimas do Iluminismo e a herança de suas grandes aquisições foram mantidas pela antropologia materialista de Marx. A dialética, a processualidade, a totalidade de contradições são categorias que já constavam no Iluminismo. A consolidação da modernidade produz as bases para a concepção de homem também do existencialismo: Heidegger reflete o homem angustiado pelo devir das relações burguesas sem que se projete algum modo de superá-las. Na contemporaneidade, Habermas descarta tanto Marx quanto Heidegger na elaboração de sua própria antropologia filosófica. O diálogo em busca da verdade consensual é, ao mesmo tempo, um método para se diminuir a importância das categorias marxistas, como é uma busca de se dar solução para a angústia existencial do homem burguês contemporâneo.

## Indicações culturais

BALZAC, Honoré de. *Ilusões perdidas*. Porto Alegre: L&PM, 2007.

SHAW, Bernard. *Major Bárbara*. São Paulo: Melhoramentos, 1959.

Sugerimos uma série de obras que refletem o conteúdo deste capítulo. Por exemplo, o processo de consolidação das relações modernas vê-se em *Ilusões perdidas*, de Honoré de Balzac, ou *Major Bárbara*, um drama de Bernard Shaw.

KAFKA, Franz. *O processo*. São Paulo: Companhia de Bolso, 2005. (Coleção Companhia de Bolso).

_____. *O castelo*. São Paulo: Martin Claret, 2007. (Coleção A obra-prima de cada autor).

_____. *A metamorfose*. São Paulo: Companhia das Letras, 2000.

Para entender a "jaula de ferro" da sociedade burguesa consolidada, há os romances de Franz Kafka, como *O processo*, *O castelo* e *A metamorfose* (lembrando que a principal dessas obras, *O processo*, foi convertida em filme por Orson Welles).

ZOLA, Émile. *Germinal*. São Paulo: Martin Claret, 2006. (Coleção A obra-prima de cada autor).

A situação das classes sociais pode ser compreendida por meio da leitura de romances como *Germinal*, de Émile Zola (que também gerou um filme homônimo de Claude Berri).

TEMPOS modernos. Direção: Charles Chaplin. Produção: Charles Chaplin. EUA: United Artists, 1936. 87 min.

O GRANDE ditador. Direção: Charles Chaplin. Produção: Charles Chaplin. EUA: Warner Home Video, 1940. 124 min.

MONSIEUR Verdoux. Direção: Charles Chaplin. Produção: Charles Chaplin. EUA: Warner Home Video, 1947. 124 min.

Caso queiramos assistir aos desdobramentos das lutas no século XX, são imperdíveis os clássicos de Charles Chaplin: *Tempos modernos*, *O grande ditador* e *Monsieur Verdoux*.

ANDRADE, Carlos Drummond de. *A rosa do povo*. 23. ed. Rio de Janeiro: Record, 2001.

ANDRADE, Mário de. Lira paulistana. In: \_\_\_\_\_. *Poesias completas*. Belo Horizonte: Itatiaia; São Paulo: Edusp, 1987.

Sugerimos, ainda, a leitura de obras como *A rosa do povo*, coleção de poemas de Carlos Drummond de Andrade, ou *Lira paulistana*, de Mário de Andrade, que apresentam as contradições de meados do século XX na forma da mais alta arte.

BRECHT, Bertolt. Os fuzis da senhora Carrar. In: \_\_\_\_\_. *Teatro completo*. 3. ed. Rio de Janeiro: Paz e Terra, 1991. v. 6.

\_\_\_\_\_. Terror e miséria no Terceiro Reich. In: \_\_\_\_\_. *Teatro completo*. Rio de Janeiro: Paz e Terra, 1991. v. 5.

BRECHT, Bertolt. *A Santa Joana dos Matadouros*. Rio de Janeiro: Paz e Terra, 1996. (Coleção Leitura).

Vale a pena conferir essas peças de Bertolt Brecht para facilitar a compreensão de boa parte das contradições que moveram o século passado.

MANN, Thomas. *Doutor Fausto*. 3. ed. Rio de Janeiro: Nova Fronteira, 2000. (Coleção Thomas Mann).

MANN, Klaus. *Mefisto*: romance de uma carreira. São Paulo: Estação Liberdade, 2000.

CORONEL Redl. Direção: István Szabó. Alemanha/Áustria: New Line, 1985. 141 min.

SUNSHINE – O despertar de um século. Direção: István Szabó. Produção: Andras Hamori e Robert Lantos. Inglaterra: Paramount Classics/Paramount Pictures, 1999. 180 min.

De um outro ponto de vista, temos também a obra-prima de Thomas Mann: *Doutor Fausto*. A impecável escrita de Thomas Mann é um exemplo de como se faz arte com os dados concretos da vida histórica. Lembremos igualmente a obra do irmão de Thomas, Klaus Mann, *Mefisto*, que aborda a mesma temática da Alemanha nazista, levada ao cinema pelas mãos seguras de István Szabó. Diga-se ainda que o cineasta húngaro ainda dirigiu filmes de espécie ímpar (*Coronel Redl* e *Sunshine*), cuja contemplação é sugerida por nós com todo vigor.

SEGUNDA-FEIRA ao sol. Direção: Fernando León de Aranoa. Produção: Elías Querejeta e Jaumes Roures. Espanha: Europa Filmes, 2002. 113 min.

SARAMAGO, José. *Ensaio sobre a cegueira*. 23. ed. São Paulo: Companhia das Letras, 1995.

_____. *A caverna*. São Paulo: Companhia das Letras, 2000.

A realidade contemporânea pode ser reconhecida em filmes como *Segunda-feira ao sol*, de Fernando León de Aranoa. Podem ser lidos os romances de José Saramago, com menção honrosa para *Ensaio sobre a cegueira* e *A caverna*.

## Atividades de Autoavaliação

1. Por que o ideal humanista do Iluminismo foi frustrado com a instauração da ordem burguesa?
   a) Porque o capitalismo se demonstrou bastante harmônico.
   b) Porque as contradições das relações burguesas não significaram o reino da razão, como pretendiam os iluministas.
   c) Porque a paz perpétua e a solidariedade entre as nações foram postas em prática.
   d) Porque o livre-arbítrio é generalizado para todos os homens.

2. Assinale (V) para as alternativas verdadeiras e (F) para as falsas:
   ( ) Marx diz ser legatário da concepção de homem de Hegel.
   ( ) Marx atribui um caráter materialista à sua filosofia.
   ( ) Para Marx, as categorias da liberdade e da consciência correspondem apenas ao homem.
   ( ) Segundo Marx, a atividade do homem e dos animais não são distintas.

3. Sobre a concepção de homem em Heidegger, podemos dizer que:
   I. A angústia é seu principal componente comportamental.
   II. O homem não tem o que temer diante da morte.
   III. Os indivíduos são imunes a qualquer ameaça em seu cotidiano.

   a) Todas as alternativas estão corretas.
   b) Apenas a alternativa I está correta.
   c) Todas as afirmações estão erradas.

d) Apenas a afirmação III está errada.

4. Marque a alternativa que não descreve uma diferença entre a concepção de homem em Marx e em Heidegger.
   a) Em Marx, há uma crítica ao estado de coisas da sociedade capitalista; em Heidegger, há uma aceitação desse estado de coisas.
   b) O homem em Marx é prático; em Heidegger, é resignado.
   c) A história para Marx é feita de superação entre diversos estágios de desenvolvimento; a história em Heidegger é uma espécie de eterno retorno (como em Nietzsche).
   d) O humano, conforme Marx, caminha para a morte inevitável; o humano, de acordo com Heidegger, pode superar a inevitabilidade da morte.

5. Assinale (V) para as alternativas verdadeiras e (F) para as falsas:
   ( ) Habermas pretende restaurar o legado racionalista do Iluminismo.
   ( ) Habermas não é um crítico senão um adepto das ideias de Marx.
   ( ) O diálogo é a forma de se obter a razão para o homem, em Habermas.
   ( ) A racionalidade da filosofia de Habermas é apenas formal.

## Atividades de Aprendizagem

### Questões para Reflexão

1. Qual o sentido filosófico do materialismo na concepção de homem em Marx?

2. Qual a noção de história em Heidegger?

3. Comente os momentos mais representativos do texto em que Heidegger e Jaspers teorizam sobre a morte e a ameaça de morte.

4. Como Habermas descreve o processo de obtenção da verdade consensual entre os homens?

*Atividade Aplicada: Prática*

1. Selecione reportagens de jornais diversos que, segundo a sua opinião, demonstrem algumas das contradições da sociedade contemporânea. E, em seguida, elabore um curto artigo posicionando-se frente a essas contradições.

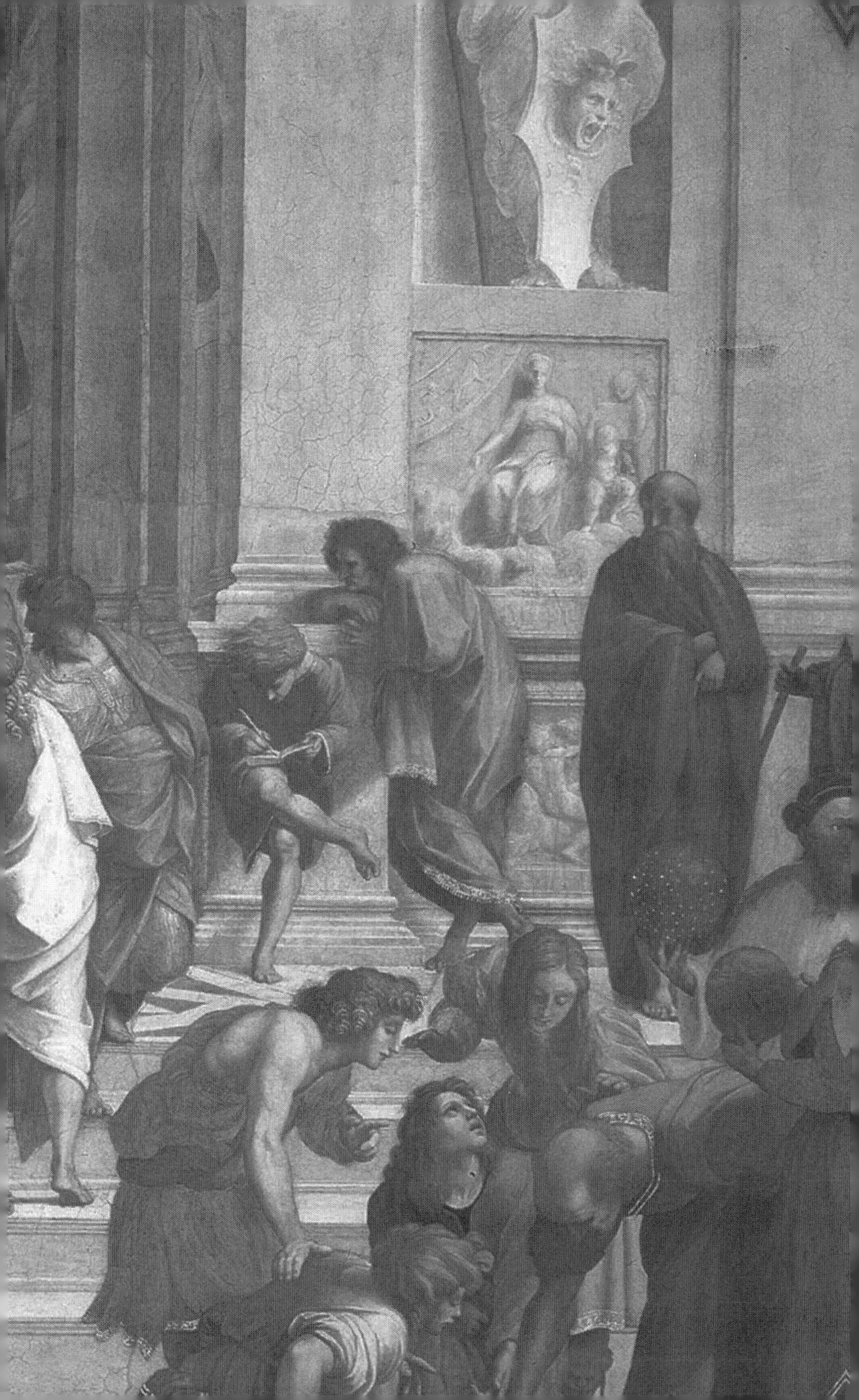

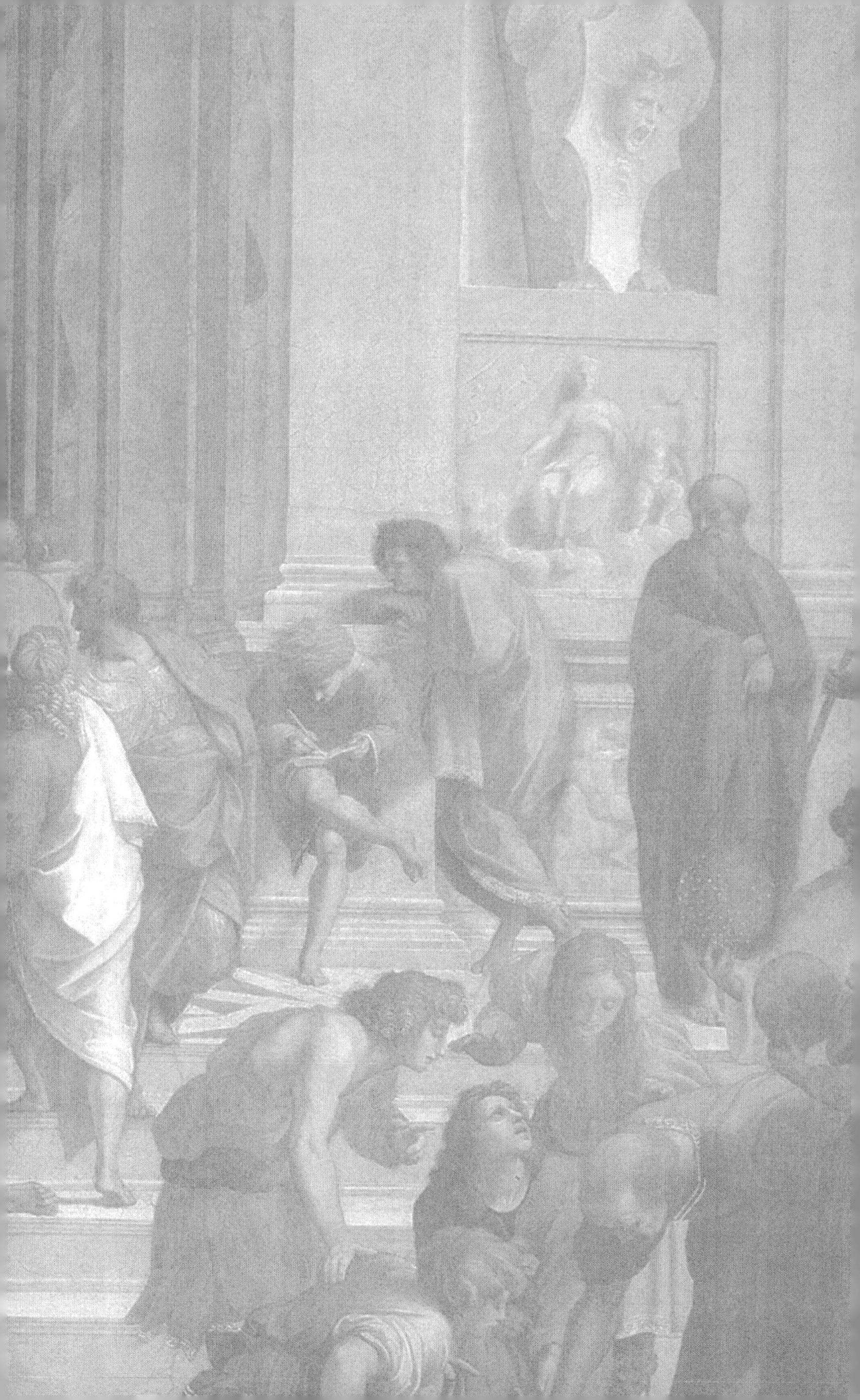

## considerações finais

*Depois de revista* grande parte da história da antropologia filosófica, podemos nos perguntar o que restou. São centenas de filósofos que dão uma resposta peculiar à pergunta-chave do nosso assunto: o que é o homem?

São várias correntes filosóficas que não se harmonizam entre si. É uma tarefa fadada ao fracasso a tentativa de igualar a filosofia de Sócrates à de Habermas. Historicamente, as respostas são distintas porque são contextos distintos. Não poderia ser de outra maneira. Apenas traços formais podem equiparar o sentido que a racionalidade do diálogo assume em um e em outro.

Porém, a própria história da antropologia filosófica já nos expõe uma característica crucial do homem, que não é verificável em nenhum dos outros seres: o gênero humano é o único apto a se questionar sobre sua própria existência. Se o homem não fosse capaz de tal feito, uma disciplina como a antropologia filosófica não existiria, é óbvio.

Divagamos com os gregos sobre os problemas entre o corpo e a alma, ou, em outros termos, entre a materialidade de nossas relações e as ideias que fazemos delas. Com os filósofos medievais, o corpo material de nossas relações concretas saiu de cena por um tempo, retornando ao palco com o maior representante do pensamento cristão, Tomás de Aquino. O corpo dos homens não deixou mais de ser abordado; renascentistas, cartesianos, iluministas, materialistas, existencialistas e habermasianos: todos eles se indagaram acerca da imanência da vida humana.

Há muitas respostas para a pergunta: "O que é o homem?" A escolha por uma delas pode parecer arbitrária, muito embora ela diga bastante sobre qual a nossa própria concepção de mundo. Se vivêssemos na Grécia Antiga, não seria nada fortuita a opção entre a concepção de homem em Platão ou a de Aristóteles. Essa escolha indicaria qual a nossa posição diante dos fatos. O mesmo pode ser dito sobre o tempo de agora e as escolhas que produzimos entre as alternativas que estão concretamente dadas.

Finalizamos esta obra com a expectativa de termos cumprido a tarefa proposta: uma revisão da filosofia em busca das concepções de homem que nela se apresentam. É apenas uma revisão que se pretendeu didática, sem almejar ser profunda em seus temas. O próximo passo seria entrar em contato com a antropologia filosófica ela mesma, na fonte primária, nas obras dos autores; estão todas aí: de Sócrates a Habermas, há uma imensa literatura pronta para ser lida. A expectativa que agora acalentamos é que os leitores tomem-na em mãos, façam a sua devida crítica e assimilem desta literatura os conteúdos que lhes auxiliem a interpretar os valores universais de nossa espécie.

# referências

AGOSTINHO, Santo. *Confissões*. São Paulo: Nova Cultural, 1999. (Coleção Os Pensadores).

ANDERSON, Perry. *Passagens da antiguidade ao feudalismo*. São Paulo: Brasiliense, 2007.

Antunes, Ricardo. *Os sentidos do trabalho*: ensaio sobre a afirmação e a negação do trabalho. 5. ed. São Paulo: Boitempo, 2002.

Aquino, Tomás de. *Suma de teología*. Madrid: Biblioteca de Autores Cristianos, 1990.

Aristóteles. *De anima*. São Paulo: Ed. 34, 2006.

_____. *Metafísica*. São Paulo: Abril Cultural, 1984. (Coleção Os Pensadores).

_____. *Poética*. São Paulo: Nova Cultural, 1999a. (Coleção Os Pensadores).

_____. *Política*. São Paulo: Nova Cultural, 1999b. (Coleção Os Pensadores).

Bacon, Francis. *Nova Atlântida*. São Paulo: Nova Cultural, 1999a. (Coleção Os Pensadores).

_____. *Novum organum*. São Paulo: Nova Cultural, 1999b. (Coleção Os Pensadores).

Boccaccio, Giovanni. *Decamerão*. São Paulo: Abril Cultural, 1971.

Boécio. *La consolación de la filosofía*. Buenos Aires: Aguilar, 1955.

Bruno, Giordano. *Sobre el infinito universo y los mundos*. Buenos Aires: Aguilar, 1981.

Cassirer, Ernst. *Antropología filosófica*: introducción a una filosofía de la cultura. México: Fondo de Cultura Económica, 1967.

_____. *Individuo y cosmos en la filosofía del renacimiento*. Buenos Aires: Emecé Editores, 1951.

Condorcet, Jean-Antoine-Nicolas de Caritat. *Cinq mémoires sur l'instruction publique*. Paris: Garnier-Flammarion, 1994.

_____. *Esquisse d'un tableau historique des progrès de l'esprit humain*: fragment sur l'Atlantide. Paris: Garnier-Flammarion, 1988.

Coutinho, Carlos Nelson. A herança estética de Platão e Aristóteles. In: _____. *Literatura e humanismo*. Ensaios de crítica marxista. Rio de Janeiro: Paz e Terra, 1967. p. 85-94.

COUTINHO, Carlos Nelson. *O estruturalismo e a miséria da razão.* Rio de Janeiro: Paz e Terra, 1972.

DESCARTES, René. *Discurso do método.* São Paulo: Nova Cultural, 1999. (Coleção Os Pensadores).

_____. *Regras para a direção do espírito.* Lisboa: Edições 70, 1989.

ENGELS, Friedrich. *A origem da família, da propriedade privada e do Estado.* Rio de Janeiro: Bertrand Brasil, 2000.

FARIAS, Victor. *Heidegger e o nazismo:* moral e política. Rio de Janeiro: Paz e Terra, 1988.

FICHTE, Johann Gottlieb. *Introdução à teoria do estado.* São Paulo: Abril Cultural, 1973.

GILSON, Étienne. *A filosofia na Idade Média.* São Paulo: M. Fontes, 2007.

GLEISER, Marcelo. *A dança do universo:* dos mitos de criação ao Big-Bang. São Paulo: Companhia das Letras, 2006.

GODELIER, Maurice. *Antropologia.* São Paulo: Ática, 1981.

HABERMAS, Jürgen. *Racionalidade e comunicação.* Lisboa: Edições 70, 1996.

_____. *Técnica e ciência enquanto "ideologia".* São Paulo: Abril Cultural, 1983. (Coleção Os Pensadores).

_____. *Teoría de la acción comunicativa.* Madrid: Taurus, 2003. Tomo II: Crítica de la razón funcionalista.

HEGEL, Georg Wilhelm Friedrich. *Ciencia de la lógica.* Buenos Aires: Ediciones Solar, 1968.

_____. *Fenomenologia do espírito.* 2. ed. Petrópolis: Vozes, 2002.

_____. *Lecciones sobre la historia de la filosofía.* México: Fondo de Cultura Económica, 1996. Libro II.

HEIDEGGER, Martin. *Ser e tempo.* Petrópolis: Vozes, 1997a. v. 1. (Coleção Pensamento Humano).

_____. _____. Petrópolis: Vozes, 1997b. v. 2. (Coleção Pensamento Humano).

HEIDEGGER, Martin. *Ser e verdade*. Petrópolis: Vozes, 2007. (Coleção Pensamento Humano).

HELLER, Agnes. *Aristóteles y el mundo antiguo*. Barcelona: Península, 1998.

_____. *O homem do Renascimento*. Lisboa: Editorial Presença, 1983.

HOLBACH, Paul Henry Thiry. *La contagion sacrée ou Histoire naturelle de la superstition*. Paris: Coda, 2006.

HUME, David. *Investigação acerca do entendimento humano*. São Paulo: Abril Cultural, 1999. (Coleção Os Pensadores).

JASPERS, Karl. *Introdução ao pensamento filosófico*. São Paulo: Cultrix, 1985.

KANT, Immanuel. *Crítica da razão pura*. São Paulo: Abril Cultural, 1999. (Coleção Os Pensadores).

_____. *Prolegômenos a toda metafísica futura*. Lisboa: Edições 70, 1988.

KIERKEGAARD, Sören. *Traité du désespoir*. Paris: Gallimard, 1963.

LESSA, Sérgio. *O mundo dos homens*: trabalho e ser social. São Paulo: Boitempo, 2002.

LUKÁCS, Georg. *El asalto a la razón*. Barcelona: Grijalbo, 1968.

_____. *Estética I*: la peculiaridad de lo estético. Barcelona: Grijalbo, 1982. v. 1.

_____. *Per l'ontologia dell'essere sociale*. Roma: Riuniti, 1981. v. 2.

_____. *Realismo crítico hoje*. 2. ed. Brasília: Thesaurus, 1991.

MAQUIAVEL, Nicolau. *O príncipe*. São Paulo: Nova Cultural, 1999. (Coleção Os Pensadores).

MARX, Karl. *Grundrisse*: foundations of the critique of political economy. London: Penguin Books, 1993a.

_____. *Manuscritos econômico-filosóficos*. Lisboa: Edições 70, 1993b.

MARX, Karl. *O capital:* crítica da economia política. Rio de Janeiro: Civilização Brasileira, 2002. Livro I.

_____. *O Dezoito Brumário de Luís Bonaparte.* São Paulo: Abril Cultural, 1974. (Coleção Os Pensadores).

MARX, Karl; ENGELS, Friedrich. *A ideologia alemã.* São Paulo: Boitempo, 2007.

MATTHEWS, Gareth. *Santo Agostinho:* a vida e as ideias de um filósofo adiante de seu tempo. Rio de Janeiro: J. Zahar, 2007.

NICOL, Eduardo. *Historicismo y existencialismo.* México: Fondo de Cultura Económica, 1989.

NIETZSCHE, Friedrich. *Sobre o niilismo e o eterno retorno (1881-1888).* São Paulo: Nova Cultural, 1999. (Coleção Os Pensadores).

PAULO NETTO, José. *Capitalismo e reificação.* São Paulo: Ciências Humanas, 1981.

PAULO NETTO, José; BRAZ, Marcelo. *Economia política:* uma introdução crítica. São Paulo: Cortez, 2006.

PLATÃO. *A República.* São Paulo: M. Fontes, 2006.

_____. *Fédon.* São Paulo: Nova Cultural, 1999. (Coleção Os Pensadores).

RABUSKE, Edvino. *Antropologia filosófica:* um estudo sistemático. Petrópolis: Vozes, 1986.

RICKERT, Heinrich. *Introducción a los problemas de la filosofía de la historia.* Buenos Aires: Editorial Nova, 1961.

SARTRE, Jean-Paul. *O ser e o nada:* ensaio de ontologia fenomenológica. Petrópolis: Vozes, 1997. (Coleção Textos Filosóficos).

SCHILLER, Friedrich. *A educação estética do homem.* São Paulo: Iluminuras, 2002.

SCHOPENHAUER, Arthur. *O mundo como vontade e representação.* Rio de Janeiro: Contraponto, 2004.

STORCK, Alfredo. *Filosofia medieval.* Rio de Janeiro: J. Zahar, 2003.

STRATHERN, Paul. *São Tomás de Aquino em 90 minutos.* Rio de Janeiro: J. Zahar, 1999. (Coleção Filósofos em 90 minutos).

WEBER, Max. *A ética protestante e o "espírito" do capitalismo.* São Paulo: Companhia das Letras, 2004.

_____. *Economia e sociedade.* Brasília: Ed. da UnB, 1999. v. 2.

# bibliografia comentada

## Capítulo 1

HELLER, Agnes. *Aristóteles y el mundo antiguo.* Barcelona: Península, 1998.

MAGALHÃES-VILHENA, Vasco de. *O problema de Sócrates:* o

Sócrates histórico e o Sócrates de Platão. Lisboa: Fundação Calouste Gulbenkian, 1984.

SPINELLI, Miguel. *Questões fundamentais da filosofia grega*. São Paulo: Loyola, 2006.

CHAUI, Marilena. *Convite à filosofia*. 13. ed. São Paulo: Ática, 2003.

WATANABE, Lygia Araujo. *Platão, por mitos e hipóteses*. 2. ed. São Paulo: Moderna, 2006. (Coleção Logos).

QUARTIM DE MORAES, João. *Epicuro: as luzes da ética*. São Paulo: Moderna, 1998. (Coleção Logos).

JAEGER, Werner. *Paideia*: a formação do homem grego. 4. ed. São Paulo: M. Fontes, 2001.

MONDOLFO, Rodolfo. *O pensamento antigo*. São Paulo: Mestre Jou, 1971.

Há alguns livros de filosofia que são cruciais para entender a concepção antiga de homem. Além da filosofia produzida pelos próprios filósofos da Antiguidade Grega, são importantes os seus comentadores clássicos.

Indicamos, antes de tudo, o livro de Agnes Heller *Aristóteles e o mundo antigo*, que está referenciado na bibliografia.

São também de grande auxílio os comentários *O problema de Sócrates*, de Magalhães-Vilhena, e *Questões fundamentais da filosofia grega*, de Miguel Spinelli.

Uma obra didática, que abrange problemas gerais da filosofia (inclusive a grega e helênica), é *Convite à filosofia*, de Marilena Chaui.

Lygia Watanabe escreveu a boa interpretação dos textos platônicos: *Platão, por mitos e hipóteses*. Sobre Epicuro, há o *Epicuro: as luzes da ética*, de João Quartim de Moraes.

Quanto a um discurso extenso sobre as amplas questões do homem grego, vale a leitura de *Paideia*, de Werner Jaeger. E, por fim, Rodolfo Mondolfo nos brindou com *O pensamento antigo*.

## Capítulo 2

STORCK, Alfredo Carlos. *A filosofia medieval*. Rio de Janeiro: J. Zahar, 2003.

MATTHEWS, Gareth. *Santo Agostinho: a vida e as ideias de um filósofo adiante de seu tempo*. Rio de Janeiro: J. Zahar, 2007.

STRATHERN, Paul. *São Tomás de Aquino em 90 minutos*. Rio de Janeiro: J. Zahar, 1999. (Coleção Filósofos em 90 minutos).

SANTOS, Arlindo Veiga dos. *Filosofia política de São Tomás de Aquino*. 3. ed. São Paulo: José Bushatsky, 1955.

MONDIN, Batista. *O humanismo filosófico de Tomás de Aquino*. Bauru: Edusc, 1998. (Coleção Essência).

COSTA, José Silveira da. *Tomás de Aquino: a razão a serviço da fé*. 3. ed. São Paulo: Moderna, 1993. (Coleção Logos).

GILSON, Étienne. *A filosofia na Idade Média*. São Paulo: M. Fontes, 2007.

Sobre a concepção cristã de homem, indica-se a princípio *A filosofia medieval*, de Alfredo Storck, uma leitura agradabilíssima em todos os sentidos.

Para conhecer a vida e a obra de santo Agostinho, que se leia *Santo Agostinho: a vida e as ideias de um filósofo adiante de seu tempo*, de Gareth Matthews.

Paul Strathern nos deu *São Tomás de Aquino em 90 minutos*, que, apesar de seu caráter apenas divulgador, é uma boa iniciação na filosofia do grande pensador cristão. Arlindo Veiga dos Santos apresentou a *Filosofia política de São Tomás de Aquino*. Na mesma medida, é preciso que se leia *O humanismo filosófico de Tomás de Aquino*, de Batista Mondin. E, da letra José Silveira da Costa, tem-se o memorável *Tomás de Aquino: a razão a serviço da fé*.

Uma obra de maior fôlego é *A filosofia na Idade Média*, de Étienne Gilson, imenso em seu tamanho e em sua densidade teórica.

Aconselha-se a confrontá-lo quando a iniciação às questões do homem cristão já esteja bem assimilada.

## Capítulo 3

HELLER, Agnes. *O homem do Renascimento*. Lisboa: Editorial Presença, 1982.

GLEISER, Marcelo. *A dança do universo:* dos mitos de criação ao Big-Bang. São Paulo: Companhia das Letras, 2006.

CASSIRER, Ernst. *Individuo y cosmos en la filosofía del renacimiento*. Buenos Aires: Emecé Editores, 1951.

BURCKHARDT, Jacob. *O Renascimento italiano*. 2. ed. Lisboa: Editorial Presença, 1983.

DRESDEN, Sem. *O humanismo no Renascimento*. Porto: Editorial Inova, 1968.

DAMÁSIO, Antônio. *O erro de Descartes:* emoção, razão e o cérebro humano. São Paulo: Companhia das Letras, 2000.

ROSENFIELD, Denis. *Descartes e as peripécias da razão*. São Paulo: Iluminuras, 1996. (Coleção de Filosofia).

Qualquer bibliografia sobre o antropocentrismo do Renascimento deve começar com *O homem do Renascimento*, de Agnes Heller, a mais completa interpretação dos eventos que dominaram a filosofia daquele tempo.

O texto de divulgação de Marcelo Gleiser que utilizamos neste livro servirá para conhecer as transformações na esfera da ciência durante o Renascimento. Trata-se de *A dança do universo*.

Leiamos igualmente o belo livro de Ernst Cassirer, *Indivíduo e cosmo na filosofia do Renascimento*.

O filósofo Jacob Burckhardt escreveu *O Renascimento italiano*, enquanto Sem Dresden publicou *O humanismo no Renascimento*.

No caso do pensamento cartesiano, é importante pesquisar os

comentários de Antônio Damásio em *O erro de Descartes: emoção, razão e o cérebro humano*. É obra de Denis Rosenfield o já clássico *Descartes e as peripécias da razão*.

## Capítulo 4

ADORNO, Theodor; HORKHEIMER, Max. *O conceito de Iluminismo*. São Paulo: Abril Cultural, 1980. (Coleção Os Pensadores).

ROUANET, Sergio Paulo. *As razões do Iluminismo*. São Paulo: Companhia das Letras, 1999.

\_\_\_\_\_. *Mal-estar na modernidade*. São Paulo: Companhia das Letras, 1993.

LUKÁCS, Georg. *Il giovane Hegel e i problemi della società capitalistica*. Torino: Einaudi, 1975.

\_\_\_\_\_. *El asalto a la razón*. Barcelona/México: Ediciones Grijalbo, 1968.

MESSER, Augusto. *La filosofía moderna de Kant a Hegel*. Madrid: Espasa-Calpe, 1942.

DALBOSCO, Cláudio. *O idealismo transcendental de Kant*. Passo Fundo: Ed. da UPF, 1997.

KONDER, Leandro. *Hegel e a razão quase enlouquecida*. Rio de Janeiro: Campus, 1989.

MARCUSE, Herbert. *Razão e revolução*: Hegel e o advento da teoria social. 5. ed. Rio de Janeiro: Paz e Terra, 2004.

A concepção de homem formulada pelos iluministas merece ser estudada a partir de *O conceito de Iluminismo*, de Adorno e Horkheimer. Embora esteja em um nível de abstração maior, é um texto que se impõe nas bibliografias que versam sobre o Iluminismo.

Um outro texto imponente é *As razões do Iluminismo* de Sergio Paulo Rouanet. Do mesmo autor, há o *Mal-estar na modernidade*.

Acerca do idealismo alemão, apresentam-se *O jovem Hegel* e *A destruição da razão*, ambos de Georg Lukács. São de uma leitura complexa, que exige um acompanhamento atento de seu leitor.

O idealismo alemão é tema de Augusto Messer em *A filosofia moderna de Kant a Hegel*.

Cláudio Dalbosco teceu excelentes argumentos em *O idealismo transcendental de Kant*.

De mais fácil apreensão é o comentário de Leandro Konder, *Hegel e a razão quase enlouquecida*.

Para finalizar a bibliografia comentada, acresce-se ainda *Razão e revolução*, de Herbert Marcuse.

## Capítulo 5

MACPHERSON, Crawford Brough. *A teoria política do individualismo possessivo*: de Hobbes a Locke. Rio de Janeiro: Paz e Terra, 1979. (Coleção Pensamento Crítico).

KOFLER, Leo. *Contribución a la historia de la sociedad burguesa*. Buenos Aires: Amorrortu, 1974.

PAULO NETTO, José. *Capitalismo e reificação*. São Paulo: Ciências Humanas, 1981.

FREDERICO, Celso. *O jovem Marx*: 1843-44 – as origens da ontologia do ser social. São Paulo: Cortez, 1995.

LUKÁCS, Georg. *Os princípios ontológicos fundamentais de Marx*. São Paulo: Ciências Humanas, 1979.

HELLER, Agnes. A ética no marxismo. In: _____. *O cotidiano e a história*. 8. ed. Rio de Janeiro: Paz e Terra, 2008.

McLELLAN, David. *Karl Marx*: vida e pensamento. Petrópolis: Vozes, 1990.

LUKÁCS, Georg. *El asalto a la razón*. Barcelona/México: Ediciones Grijalbo, 1968.

NUNES, Benedito. *Heidegger & ser e tempo*. Rio de Janeiro: J. Zahar, 2002. (Coleção Filosofia Passo a Passo).

NUNES, Benedito. *O Nietzsche de Heidegger*. Rio de Janeiro: Pazulim, 2000.

DUBOIS, Christian. *Heidegger: introdução a uma leitura*. Rio de Janeiro: J. Zahar, 2004.

LUKÁCS, Georg. *Existencialismo ou marxismo?* São Paulo: Senzala, 1967. (Coleção Conflitos do século XX).

ANTUNES, Ricardo. *Os sentidos do trabalho*. 5. ed. São Paulo: Boitempo, 2002.

DURÃO, Aylton Barbieri. *A crítica de Habermas à dedução transcendental de Kant*. Londrina: Eduel; Passo Fundo: Ed. da UPF, 1996.

Para a compreensão deste arco filosófico que marca a sociedade capitalista em vigência, recomendamos, de Macpherson, *A teoria política do individualismo possessivo*.

Aconselha-se com o mesmo intuito de Leo Kofler *Contribuição à história da sociedade burguesa*.

A tarefa de se entender o desenvolvimento histórico das relações burguesas no século XX fica mais fácil com *Capitalismo e reificação*, de José Paulo Netto.

A concepção de homem em Marx pode ser comentada por Celso Frederico em *O jovem Marx* ou por Georg Lukács em *Os princípios ontológicos fundamentais de Marx*, além de tantos outros. Um pequeno artigo é recomendável: *A ética no marxismo*, que está em *O cotidiano e a história*, de Agnes Heller.

Uma revisão da vida e do pensamento de Marx encontra-se em *Marx: vida e pensamento*, de David McLellan.

Heidegger é interpretado criticamente em *A destruição da razão*, de Georg Lukács. Atenção também para o didático *Heidegger e ser e tempo*, de Benedito Nunes, que publicou ainda *O Nietzsche de Heidegger*. Um texto fácil para se iniciar em sua filosofia é *Heidegger: introdução a uma leitura*, de Christian Dubois.

Quanto ao existencialismo francês, sugerimos *Existencialismo ou marxismo?*, do já citado Georg Lukács.

A concepção filosófica de Habermas é digna dos comentários de Ricardo Antunes em *Os sentidos do trabalho*. A relação entre o racionalismo de Habermas e a de Kant está em *A crítica de Habermas à dedução transcendental de Kant*, de Aylton Barbieri Durão.

*respostas das atividades*

Capítulo 1
Atividades de Autoavaliação
1. e
2. c
3. V, F, V, V
4. F, V, V, F
5. d

Capítulo 2
Atividades de Autoavaliação
1. a
2. b
3. V, V, V, F
4. d
5. b

Capítulo 3
Atividades de Autoavaliação
1. V, V, F, V
2. c
3. a
4. V, F, F, F
5. a

Capítulo 4
Atividades de Autoavaliação
1. a
2. a
3. d
4. V, V, F, F
5. c

Capítulo 5
Atividades de Autoavaliação
1. b
2. V, V, V, F
3. b
4. d
5. V, F, V, V

# sobre o autor

*Ranieri Carli* é graduado e mestre em Ciências Sociais pela Universidade do Estado do Rio de Janeiro (UERJ) e doutor em Serviço Social pela Universidade Federal do Rio de Janeiro (UFRJ). É professor de Ciências Sociais no Centro Universitário Volta Redonda (UniFOA). Suas áreas de estudo são filosofia, teoria do conhecimento, educação e antropologia. Das disciplinas lecionadas, entre outras, constam Antropologia Jurídica, Antropologia Cultural, Fundamentos Históricos da Educação, Filosofia e História da Arte e da Cultura. Publicou artigos sobre a história da cultura e sobre a filosofia do conhecimento.

*A Escola de Atenas (Scuola di Atene)*
Rafael Sanzio, 1509-1510
afresco, 500 × 770 cm
Stanza della Segnatura, Musei Vaticani
Città del Vaticano

Impressão: BSSCARD
Abril/2013